fleisches besteht aus Eiweiß. Tierisches Eiweiß ist bedeutend, weil es den höchsten Gehalt an lebensnotwendigen Aminosäuren aufweist. Mit nur einer Fischmahlzeit lässt sich bereits unser Tagesbedarf abdecken. Da der Fisch fast kein Bindegewebe hat, ist er besonders zart, schnell gegart und zudem leicht verdaulich. In Butter gebraten oder kurz gedünstet und mit einer raffinierten Sauce ergänzt, ist Fisch immer eine Delikatesse.

Die Zeiten, in denen er nur in bestimmten Monaten gegessen wurde, sind längst vorbei. Die moderne Technik der Kühltransporte macht es möglich, dass Fisch immer angeboten werden kann. Ist die Zeit zum Einkaufen knapp, findet man Kabeljau, Seelachs oder Scholle fast in jeder Tiefkühltruhe.

Für die Zubereitung eröffnen sich vielfältige Möglichkeiten: im Ganzen gebraten, in Scheiben gegrillt, als Filet kurz gedünstet, gedämpft, paniert, im Backofen gegart oder in Folie zubereitet. Aus Fisch können Sie Suppen, Vorspeisen, Aufläufe oder Hauptgerichte „zaubern". Hierzu liefert Ihnen dieses Buch passende Ideen sowie Rezepte. Auf den nachfolgenden Seiten finden Sie alles Wissenswerte über die verschiedenen Fischarten, deren Einkauf sowie Vor- und Zubereitung. Auch die passende Getränke-Empfehlung wurde nicht vergessen. So wird es Ihnen sicher leicht fallen, für Ihren Bedarf das Richtige zu finden und mit Freude nachzukochen. Dabei wünsche ich Ihnen stets gutes Gelingen.

Ihre
Ursula Calis

Fisch - wertvoll für eine gesunde Ernährung

In der modernen Gesundheitsküche von heute sind Fischgerichte besonders wichtig, weil gerade sie hochwertige Eiweiße liefern und dabei wenig Fett enthalten. Fisch ist leicht verdaulich, schützt bei regelmäßigem Verzehr vor Herz- sowie Kreislauferkrankungen und enthält weitere wichtige Nährstoffe z. B. Vitamin A (Wachstumsförderung, Stärkung der Abwehrstoffe), Vitamin D (Regulierung des Mineralstoffwechsels), dazu Vitamin B (Stoffwechselförderung, nervenberuhigend). Jod, Selen, Kalium sowie Phosphor sind Mineralstoffe, die unser Körper täglich braucht und die im Fisch reichlich enthalten sind. Mit dem Verzehr von ca. 200 g lässt sich der durchschnittliche Tagesbedarf an biologisch notwendigem Eiweiß abdecken. Genauso hochwertig ist das Fischfett, welches in seiner Zusammensetzung lebenswichtige Stoffe liefert, die unser Körper selbst nicht produzieren kann.

Die bekanntesten Fischarten

Die verschiedenen Fische unterscheidet man nach ihrer Herkunft: aus dem Meer (Seefisch) oder aus Flüssen und Seen (Süßwasserfisch). Die nachfolgende Tabelle zeigt Ihnen die bekanntesten sowie leicht erhältlichen Fische, zu denen Sie in diesem Buch interessante Rezeptvorschläge und Tips finden:

Meeresfische	Süßwasserfische
Dorsch	Aal
Goldbarsch	Äsche
Heilbutt	Barsch (Egli, Kretzer)
Hering	Forelle
Kabeljau	Hecht
Makrele	Karpfen
Meerbrasse	Lachs
Rotbarsch	Renke (Felchen)
Rotzunge	Saibling
Schellfisch	Schleie
Scholle	Zander
Seelachs	Waller (Wels)
Seeteufel (Lotte)	
Seezunge	
Steinbutt	
Thunfisch	

Fisch richtig einkaufen

Ist dieser Fisch wirklich frisch? Diese Frage stellt man sich jedes Mal, wenn man an der Fischtheke steht und das Passende einkaufen möchte. Ein tatsächlich fangfrischer Fisch sieht folgendermaßen aus: seine Augen sind klar sowie glänzend, die Kiemen dunkelrot und die Schuppen liegen glatt, fest an. Ein angenehm frischer Geruch vervollständigt das positive Bild. Wenn man leicht auf das Fischfleisch drückt, so darf keine Druckstelle entstehen, da die wirklich frischen Fische noch elastisch sind. Fisch sollte man am besten noch am Einkaufstag zubereiten. Ist ein Lagern nicht vermeidbar, so bewahrt man den Fisch am besten - fest in feuchtes Pergamentpapier eingewickelt - im Kühlschrank auf. Bei frischem Fisch bleibt auch dann die Haut „gespannt" und behält ihre Farbe. Möchten Sie gefrorene Ware einkaufen, so darf die Verpackung keinesfalls beschädigt sein. Am besten transportieren Sie die Tiefkühlkost in einer Isoliertasche, denn an- oder sogar aufgetaute Fische dürfen nicht mehr eingefroren werden.

Fisch richtig aufbewahren

Fangfrische Fische wickelt man am besten in feuchtes Pergamentpapier ein oder legt sie in eine Schüssel mit zerkleinerten Eiswürfeln. So läßt sich Fisch 24 Stunden lang im Kühlschrank aufbewahren. Ist er bereits gekocht oder geräuchert dann sollten Sie ihn innerhalb von 2 Tagen verzehren. Für eine längere Konservierung eignet sich am besten das Einlegen oder Gefrieren. Fettreiche Sorten wie Aal, Karpfen oder Lachs können 3-4 Monate, Magerfische wie Schellfisch, Forelle oder Seezunge lassen sich bis zu 8 Monate lang im Gefrierfach aufbewahren.

Die moderne Fischküche

Vorbereitung von Fisch

Jeder Fisch-Händler ist gerne bereit, seine Ware küchenfertig anzubieten. Sollten Sie dennoch selbst die Vorbereitung durchführen wollen, so gibt es einige Handgriffe, die zu beachten sind:

● Den geschlachteten Fisch zunächst gründlich waschen, dann der Länge nach an der Bauchseite aufschlitzen und die Eingeweide sorgfältig entfernen. Achten Sie darauf, dass die Galle

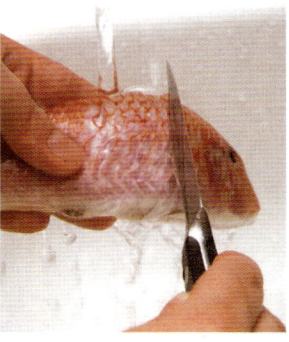

Karpfen, fasst man mit Hilfe eines Tuches am Schwanz an und „schuppt" sie mit einem Messerrücken zum Kopf hin. Praktischer geht's, wenn Sie einen speziellen Fischschupper dafür einsetzen können. Möchten Sie den Fisch „blau" kochen, so dürfen Sie die Schuppen nicht entfernen.

nicht verletzt wird. Läuft sie aus, bekommt der Fisch einen unangenehmen Geschmack.

● Fische, die große Schuppen aufweisen, z.B. Barsch, Hering oder

● Die inneren Häute mit einem scharfen Messer sorgfältig entfernen, ebenso die Kiemen und mit Hilfe einer Schere die Rücken- sowie Schwanzflosse abschneiden.

● Zum Häuten mancher Fische wie z.B. Seezunge

oder Scholle schneidet man das Schwanzende tief ein und zieht die Haut mit einem kräftigen Ruck in Richtung des Kopfes ab. Nur beim Aal geht man „umgekehrt" vor. Man schneidet ihn um den Kopf herum ein und zieht dann die Haut in Richtung Schwanzende ab.

Ist der Fisch küchenfertig vorbereitet, wird die 3-S-Regel angewandt:

Säubern:
Den Fisch unter fließendem Wasser innen sowie außen gründlich waschen, dabei das geronnene Blut sorgfältig entfernen. Fische, die „blau" verarbeitet werden, nur abtropfen lassen, ansonsten den Fisch mit Küchenpapier trockentupfen.

Säuern:
Den Fisch von allen Seiten mit Zitronensaft beträufeln und möglichst zugedeckt ca. 10 Minuten ziehen lassen. Das verringert den Fischgeruch, verbessert den Geschmack und läßt das Fleisch saftig sowie fest werden.

Salzen:
Früher hat man den Fisch vor der Zubereitung grundsätzlich gesalzen. Heute ist bekannt, dass dadurch Saft austritt, wichtige Nährstoffe verloren gehen und der Fisch eher trocken wird. Salzen Sie daher am besten erst sehr kurz vor dem Dünsten, Braten oder Grillen.

Bei tiefgefrorenen Fischen gehört zur Vorbereitung auch das An- oder Auftauen. Ab einem Gewicht von 750 g sollten Sie den Fisch ganz auftauen lassen, filetierte Ware hingegen muß nur angetaut werden. Möchten Sie panieren, so reicht es, wenn nur die Oberfläche angetaut ist, damit die Panade hält.

Für die Zubereitung verschiedenster Fischarten finden Sie in diesem Buch interessante Vorschläge. Neben dem Braten oder Ausbacken in heißem Fett auf der Kochstelle bietet sich das Braten oder Grillen im Backofen an. Diese Methode sollten Sie am besten für größere, ganze Fische wählen. Zarte Filets und „blau" gegarter Fisch gelingt auf der Kochstelle oder im Mikrowellengerät vorzüglich.

Fisch garen

Die gebräuchlichsten Garmethoden für Fischgerichte sind

● Garziehen (Sieden): einen geeigneten Fischsud (siehe Grundrezept Seite 17) ansetzen, erhitzen, den Fisch einlegen, nochmals kurz aufwallen lassen und das Gericht bei reduzierter Temperatur garen lassen. Diese Methode eignet sich für: Aal, Dorsch, Goldbarsch, Kabeljau, Karpfen, Hecht, Seezunge oder Waller (Wels).

● Blaukochen: den vorbereiteten Fisch mit heißem Essigwasser übergießen oder in einem Essigsud garen. Dann verfärbt sich die Schleimschicht auf der Haut blau. Diese Methode eignet sich für: Aal, Forelle, Felchen, Karpfen, Renke, Schleie oder Zander.

● Dünsten: den in Stücke/Filets geteilten oder ganzen Fisch in wenig Flüssigkeit (Brühe oder Wein) unter Zugabe von etwas Butter garziehen lassen. Praktisch ist es, hierfür einen speziellen Fisch-Kochtopf mit gelochtem Siebeinsatz zu

verwenden, so dass der Fisch nicht in der Kochflüssigkeit liegt. Diese Methode eignet sich für: Forelle, Hecht, Lachs, Meerbarben, Schellfisch, Steinbutt und Thunfisch.

● Garen in Folie: ein großes Stück festere Alufolie mittig einfetten, den Fisch - am besten zusammen mit Gemüsezutaten sowie Kräutern - darauf geben. Die Folie locker einschlagen, am Rand umknicken und den so verpackten Fisch auf die Fettpfanne des Backofens geben. Bei 200 - 220 °C, je nach Größe, ca. 45 Minuten zubereiten. Diese Methode eignet sich für: Forelle, Hecht, Lachs oder Seezunge

● Braten: den filetierten Fisch in wenig Fett (Butter, Margarine oder Öl) bei nicht zu starker Hitze in einer großen Pfanne braten. Hierzu den Fisch entweder nur mit Mehl bestäuben oder panieren. Für kleinere Stücke einen Ausbackteig anrichten und in reichlich heißem Fett fritieren. Größere, ganze Fische lassen sich in einem offenen Geschirr auch im Backofen bei 200-230 °C braten. Diese Methode eignet sich für: Aal, Barsch, Hecht, Karpfen, Lachs, Makrele, Meerbarbe, Renke, Steinbutt, Zander.

● <u>Grillen:</u> diese Garmethode ist für fettreiche Fischarten besonders empfehlenswert. Den gut trockengetupften Fisch nur pfeffern und anschließend auf dem Rost oder in einer Auflaufform im Backofen grillen. Zwischendurch einmal wenden. Diese Methode eignet sich für: Aal, Barsch, Lachs, Makrele, Seelachs, oder Waller (Wels).

Getränke-Empfehlung

Grundsätzlich gilt die alte Regel: zu hellem Fleisch - so auch Fisch - serviert man Weißwein, zu dunklem besser Rotwein. Ausnahme: wurde das Gericht in einem Rotweinsud gegart, so sollte der gleiche Wein auch bei Tisch dazu gereicht werden. Von der vielfältigen Auswahl der „klassischen" Weißweine eignen sich zunächst alle trockenen oder halbtrockenen Sorten. Beliebt zu gedünstetem oder kurzgebratenem Fisch ist ein

● weißer Burgunder
● trockener Riesling
● weißer Loire-Wein
● Chablis
● Weißherbst
● Fendant oder
● Soave

Zu fettem Räucherfisch sowie panierten oder fritierten Fischen reicht man am besten ein herzhaftes, kühles Bier.

Zwischengerichte, Suppen u. Vorspeisen

Bouillabaisse
(Französische Fischsuppe)

3/4 - 1 l Fischfond (Rezept Seite 20)

1 kg verschiedene, kleine Fische bzw. Tranchen oder Filetstücke von Seefischen (z.B. Seeaal, Rotzunge, Goldbarsch, Seeteufel, Heilbutt)

Saft 1 Zitrone	1/8 l trockener Weißwein
2 TL Kräuter der Provence	1/4 Bund Petersilie
6 EL bestes Keimöl	1 - 2 Lorbeerblätter
250 g Porree (Lauch)	Salz, 1/4 TL Safran, weißer Pfeffer
1/2 Fenchelknolle	
1 große Zwiebel	1 Msp. Cayennepfeffer
250 g reife Tomaten (Paradeiser)	200 g Muscheln (aus dem Glas)
2 Knoblauchzehen	Weißbrot, Knoblauchbutter

● Zunächst ist es wichtig, ca. 3/4 - 1 l Fischfond (siehe Rezept Seite 20) bereitzustellen oder anzusetzen, der später für das Aufgießen benötigt wird.

● Die verschiedenen Fischstücke kurz kalt abspülen, mit Küchenpapier trockentupfen, groß würfeln, in eine tiefe Schale geben und mit dem Zitronensaft sowie den Kräutern marinieren.

● Porree sowie Fenchel putzen, waschen, abtropfen lassen und kleinschneiden. Zusammen mit der geschälten, feingehackten Zwiebel in einem großen Suppentopf in heißem Öl dünsten.

● Die Tomaten überbrühen, häuten, halbieren, den Stielansatz herausschneiden, dann grob würfeln und zum Gemüse geben. Etwa 5 Minuten mitdünsten. Zuletzt geschälten, gepreßten Knoblauch dazugeben.

● Mit dem Fischfond sowie Weißwein auffüllen. Dann gewaschene, gehackte Petersilie, alle Gewürze und die abgetropften Muscheln dazugeben.

● Die Mischung unter beständigem Rühren langsam aufkochen. Nun gibt man den marinierten Fisch dazu. Erst die Fischstücke mit festem Fleisch (z.B. Goldbarsch Seeaal, Rotzurge) einlegen, nach 5 - 8 Minuten die zarteren Sorten (z.B. Seeteufel, Heilbutt) hinzufügen und die Kochstelle sofort herunterschalten.

● Die so angesetzte Bouillabaisse nun auf

niedriger Stufe ca. 15 Minuten garen lassen.

● Inzwischen das Weißbrot rösten und mit Knoblauchbutter bestreichen. Die Suppe in einer vorgewärmten Terrine heiß servieren und das Brot dazu reichen.

Interessant für Sie:
Auch andere als die angegebenen Fischarten lassen sich verwenden. Wichtig ist, verschiedene Sorten miteinander zu kombinieren. In Südfrankreich ist es üblich, in jeden Suppenteller zwei Scheiben Knoblauchbrot zu legen, dann die Bouillabaisse darüber zu schöpfen und sofort zu servieren.

Nordische Aalsuppe

450 g Aal, fertig vorbereitet	1 kleine Stange Porree (Lauch)
Salz, 2 Gewürznelken	
1 Lorbeerblatt	75 g Butter, 70 g Mehl
1 - 2 Pimentkörner	1 EL Zitronensaft
75 g magerer Speck	etwas trockener Weißwein
100 g Zwiebeln	2 EL gemischte, gehackte Kräuter (z.B. Dill, Petersilie, Kerbel)
100 g Mohrrüben (Karotten)	
1/4 Stück Sellerie (ca. 80 g)	6 EL saure Sahne (Rahm)

● Den Aal kurz kalt abspülen und mit Küchenpapier trockentupfen, anschließend vorsichtig entgräten und die Gräten zusammen mit den Gewürzen in etwas gesalzenem Wasser etwa 30 Minuten lang köcheln lassen.

● Den Speck würfeln, das Gemüse putzen, schälen, waschen und kleinschneiden.

● In einem größeren Kochtopf den Speck in der Butter langsam ausbraten, das Gemüse dazugeben und für einige Minuten mitdünsten. Nun mit Mehl bestäuben, dieses gut untermischen und das Ganze mit der durch ein feines Sieb gegossenen Grätenbrühe ablöschen.

● Etwa 20 Minuten bei milder Hitze durchziehen

lassen, dabei gelegentlich umrühren. die etwa 2 cm dicht geschnittenen Aalfilets hinzugeben und etwa 10 - 15 Minuten lang in der Suppe garziehen lassen.

● Zuletzt die Nordische Aalsuppe mit Zitronensaft, einem Schuß Weißwein sowie Salz und Pfeffer abschmecken.

● Von der Kochstelle nehmen, Kräuter mit saurer Sahne unterrühren und sofort servieren.

Interessant für Sie:
Der Aal ist ein „Wanderfisch", der im Atlantik zur Welt kommt, als Glasaal (Larve) mit dem Golfstrom nach Europa gelangt, flußaufwärts in das Revier seiner Vorfahren wandert, dort für einige Jahre lebt und schließlich zum Laichen in den Atlantik zurückkehrt. So findet man Aale in allen Flüssen, die eine Verbindung zum Meer haben. Sie werden frisch, geräuchert oder mariniert angeboten. Das Fischfleisch ist fest und eher fett. So läßt er sich gebraten, gegrillt oder gedünstet sehr gut zubereiten. Frisch kauft man den Aal am besten in der Zeit von Januar bis April.

Legierte Meeresfrüchte-Suppe „Westerländer Art"

30 g Butter	5 EL trockener Weißwein
2 EL geh. Zwiebeln	400 g gekochter Fisch
2 EL Mehl	150 g Muschelfleisch
2 gehäutete Tomaten (Paradeiser)	300 g gedünstete Krabben
1 l Fischbrühe oder Sud von gekochtem Fisch	1 Eigelb, mit 5 - 6 EL Sahne verquirlt
Salz, weißer Pfeffer	20 g kalte Butter
1 Prise Cayennepfeffer	etwas frischer Knoblauch nach Belieben
etwas Safran	frisch geh. Dill zum Bestreuen

● Die Butter in einem größeren Topf schmelzen, die Zwiebeln darin glasig dünsten, dann das Mehl

darüberstreuen und hell rösten. Die kleingeschnittenen Tomaten dazugeben und mitdünsten.

● Mit Fischbrühe oder -Sud langsam aufgießen. Gewürze und Wein hinzufügen. Unter häufigem Rühren etwa 20 Minuten lang kochen lassen, dann durchsieben.

● Kleingewürfelten Fisch, Muscheln sowie Krabben dazugeben und für ca. 10 Minuten miterhitzen, dann die so vorbereitete Suppe von der Kochstelle nehmen und mit verquirltem Eigelb legieren(binden).

● Kalte Butter stückchenweise unterziehen, nach Belieben mit frisch gepreßtem Knoblauch würzen und zuletzt mit Dill bestreuen. Sofort servieren.

Ungarische Fischsuppe

500 g frischer Karpfen	1 1/2 EL edelsüßes Paprikapulver
1 Forelle	
Saft 1 Zitrone	1 l Fisch- oder Fleischbrühe
Salz, weißer Pfeffer	
250 g Zwiebeln	1/8 l Tokajer
40 g Butter	gehackte Petersilie

● Das Karpfenfleisch unter fließendem Wasser kurz kalt abspülen, mit Küchenpapier trockentupfen und in Stücke schneiden. Die Forellenfilets ablösen und ebenfalls in Stücke zerteilen. Den Fisch mit Zitronensaft beträufeln, dann salzen sowie pfeffern. Etwas durchziehen lassen.

● Inzwischen die Zwiebeln schälen, in Ringe schneiden und in einem größeren Topf in heißer Butter goldgelb dünsten. Mit Paprikapulver bestäuben, durchziehen lassen und mit

Brühe sowie Tokajer auffüllen.

● Langsam aufkochen, dabei gelegentlich umrühren, die Fischstücke einlegen, sofort die Kochstelle herunterschalten und die Suppe ca. 15 Minuten auf niedriger Stufe ziehen lassen. Abschmecken, dann mit reichlich gehackter Petersilie bestreut servieren.

Beilage: Stangenweißbrot

Ostsee-Fischtopf

500 g Fischfilets von verschiedenen Seefischen	1 Lorbeerblatt
Saft 1/2 Zitrone	1 l Fischbrühe (selbstgekocht oder aus dem Glas)
2 Bund Suppengrün	150 g kleine Nudeln
2 Zwiebeln, gehackt	100 g frische Pfifferlinge (Reherl)
1 Knoblauchzehe, zerdrückt	frischer Dill
5 - 6 EL Pflanzenöl	Salz, weißer Pfeffer

● Die Fischfilets kurz kalt abspülen, mit Küchenpapier trockentupfen und in größere Stücke zerteilen. Mit Zitronensaft beträufeln und zum Durchziehen beiseite stellen.

● Das Suppengrün putzen, schälen und würfeln

oder stifteln, dann gründlich waschen. Abtropfen lassen.

● Zwiebeln mit Knoblauch in Pflanzenöl andünsten, Suppengrün und Lorbeerblatt dazugeben und gut durchmischen. Die Fischbrühe angießen. Einmal

aufkochen lassen, die
Nudeln hinzufügen,
umrühren und bei milder
Hitze etwa 10 - 12 Minuten
lang köcheln lassen.

● Inzwischen die Pfifferlin-
ge putzen, kräftig abbrau-

sen und zusammen mit
dem Fisch zur Suppe
geben.

● Nach 5 - 8 Minuten
kräftig würzen, den Dill
dazugeben und sogleich
servieren.

Fischsud (Grundrezept)

1 Möhre (Karotte)	1 Lorbeerblatt
1/4 Stück Sellerie	6 - 8 Pfefferkörner
1 große Zwiebel oder 2 - 3 Schalotten	1/2 TL Salz
1/2 Stange Lauch (Porree)	1 l Wasser
1/2 Petersilienwurzel	1/2 l trockener Weißwein

● Die verschiedenen
Gemüsesorten putzen,
schälen, kleinschneiden,
waschen und gut abtrop-
fen lassen. Mit allen anderen Zutaten in einem
geeigneten Topf zum
Kochen bringen, dann bei

milder Hitze ca. 40 Minu-
ten lang ziehen lassen.

● Den zum Dünsten
vorbereiteten Fisch - bis
1,5 kg - einlegen und bei
geringer Temperatur
garen.

Winter-Nudeltopf mit frischem Barsch

250 g Hörnchen-Nudeln
1 EL Butter
1 EL Öl
1 Knoblauchzehe
250 g grüne Bohnen (Fisolen)
1 Möhre (gelbe Rübe)
300 g frischer Wirsing
300 g Broccoli
120 g Stauden - Sellerie
200 g kleine Tomaten oder Kirschtomaten (Paradeiser)
1 Zweig frischer Thymian
1/8 l trockener Weißwein
400 ml Fischfond
500 ml Gemüsebrühe (Instant)
400 g Barschfilet
100 g tiefgefrorene Garnelen
Salz, weißer Pfeffer
frisch ger. Muskat
1 EL Zitronensaft

● Die Nudeln in reichlich gesalzenem Wasser „al dente" (bißfest) garen, abgießen und ausdampfen lassen.

● Das Gemüse waschen, putzen und vorbereiten. Hierzu die Bohnen brechen, die Möhre schräg in Scheiben schneiden, den Wirsing in grobe Stücke zerteilen, die Broccoli-Röschen eventuell halbieren, den Sellerie in schmale Stücke schneiden. Butter mit Öl in einem großen Topf erhitzen, nacheinander Bohnen, Möhren, Wirsing, Broccoli

und Sellerie darin andünsten. Die Knoblauchzehe schälen, durchpressen und hinzufügen. Weiterdünsten, dann mit Wein, Fischfond sowie Gemüsebrühe auffüllen, den Thymianzweig hineinlegen und die Mischung langsam aufkochen. Etwa 40 Minuten auf niedriger Stufe köcheln lassen.

● Inzwischen das Barschfilet kurz kalt abspülen, mit Küchenpapier trockentupfen, in Würfel schneiden und mit Zitronensaft beträufeln. Leicht salzen.

● Nach etwa 30 Minuten die Kirschtomaten, den Fisch, die gewaschenen und gut abgetropften Garnelen zur Gemüsemischung geben. Etwa 10 - 15 Minuten mitdünsten lassen. Zuletzt die vorgekochten Nudeln vorsichtig unterrühren, kurz erhitzen und den Nudeltopf nochmals kräftig abschmecken.
Beilage:
Geröstetes Bauernbrot

Fischfond (Grundrezept)

Kleine Fischstücke, Fischköpfe, Schwanzstücke, große Gräten	1/2 Petersilienwurzel
1 Möhre (Karotte)	2 - 3 zerstossene Pfefferkörner, Salz
1/4 Stück Sellerie	1 l Wasser
2 - 3 Schalotten	1/2 l trockener Weißwein
3 - 4 große Petersilienstengel	etwas Estragon nach Belieben

● Alle Fischstücke gründlich waschen. Zusammen mit den vorbereiteten Gemüsezutaten, den Gewürzen sowie der Flüssigkeit in einen größeren Topf geben.

● Aufkochen, gut durchrühren, dann bei milder Hitze mindestens 1 1/2 Stunden „ziehen" lassen. Erneut aufkochen und die Flüssigkeitsmenge auf 1/3 reduzieren.

● Den so angesetzten Fond durch ein feines Sieb gießen und für Suppen oder Saucen verwenden oder in kleinen Portionen einfrieren.

Fischsülze mit Bratkartoffeln

200 g Möhren (Karotten)	800 g Fischfilet (z.B. Heilbutt, Dorsch oder Hecht)
1/4 l Fleischbrühe, Salz	1 Eiweiß (Eiklar)
3/8 l trockener Weißwein	etwas Zitronensaft
6 zerstoßene Pfefferkörner	8 - 9 Blatt weiße Gelatine
3 Pimentkörner	2 hartgekochte Eier
2 Gewürznelken	5 schwarze Oliven
2 Wacholderbeeren	frisch gehackter Dill
1 Lorbeerblatt	

● Die Möhren schälen und waschen. Unzerkleinert in der Fleischbrühe in ca. 15 - 20 Minuten weichkochen, herausnehmen, abtropfen und erkalten lassen. Weißwein und Gewürze in die Suppe geben und

ca. 10 Minuten lang mitkochen.

● Das Fischfilet kurz abspülen, mit Küchenpapier trockentupfen und in die Flüssigkeit geben. Ca. 10 - 15 Minuten garziehen lassen, dann mit Hilfe eines Schaumlöffels vorsichtig herausheben und zum Abkühlen beiseite stellen.

● Die Brühe durch ein Sieb gießen. Steifgeschlagenes Eiweiß untermischen, einmal aufkochen, den entstehenden Schaum abheben, dann durch ein mit Papier ausgelegtes Sieb oder durch ein Tuch filtern. So wird die Sülzbrühe sehr schön klar.

● Mit Zitronensaft abschmecken. Eingeweichte, ausgedrückte Gelatine in der heißen Flüssigkeit auflösen. Gut durchmischen.

● Die Möhren und Eier in gleichdicke Scheiben schneiden.

● Eine kalt ausgespülte Kastenform (Länge ca. 28 cm) ca. 1 cm hoch mit der Sülzbrühe aufgießen. Die Form so hin- und herbewegen, dass Boden und Wände mit Gelee überzogen werden. Im Kühlschrank erstarren lassen.

● Nun die Form mit Oliven-, Ei- und Möhrenscheiben am Boden und an den Seitenwänden dekorativ auslegen. Wieder einen Teil der Geleemasse daraufgeben und erstarren lassen. Den grob zerteilten Fisch, sowie Dill und Reste der Garnitur einfüllen. Zuletzt die Geleemasse auffüllen und die so vorbereitete Sülze in ca. 4 - 5 Stunden im Kühlschrank festwerden lassen.

● Zum Servieren die

Fischsülze vorsichtig auf eine längliche Platte stürzen. Hierzu die Kastenform kurz in heißes Wasser eintauchen, damit sich das Gelee wieder vom Formenrand löst.

Beilage:
Zur Fischsülze passen am besten in heißem Butterschmalz geröstete Bratkartoffeln und eine pikante Remouladensoße.

Zwiebelheringe

4 küchenfertige Heringe, à ca. 200 g, ohne Kopf	1/4 l Wasser
1 TL Salz	1 Thymianzweig
1/8 l Öl zum Braten	1 Lorbeerblatt
Marinade: 1 - 2 Möhren (Karotten)	1/2 TL schwarze Pfefferkörner
1 große Zwiebel	1/2 TL Senfkörner
1/8 l Obst- oder Weinessig	1 gestr. TL Salz

● Die Heringe kalt abspülen und mit Küchenpapier gründlich trockentupfen, dann innen und außen salzen.

● Das Öl in einer sehr großen Pfanne erhitzen, die Heringe von jeder Seite 2 1/2 - 3 Minuten darin braten und zum Entfetten auf Küchenpapier legen.

● Für die Marinade die Möhren schälen, waschen und in Scheiben schneiden. Die Zwiebel schälen und in Ringe zerteilen. Essig mit Wasser und Kräutern sowie Gewürzen aufkochen, das Gemüse zugeben und auf niedriger Stufe 5 - 6 Minuten weitergaren. Abkühlen lassen.

● Die Heringe in eine

halbhohe, entsprechend große Form geben, mit dem Sud übergießen und 2 - 3 Tage im Kühlschrank ziehen lassen.

Beilage:
Weißbrot oder Bratkartoffeln (gebratene Erdäpfel)

Anmerkung:
Die „Zwiebelheringe" lassen sich in der Winterzeit sehr gut als Vorspeise vor einem kräftigen Hauptgericht oder als leichtes Abendessen servieren. Anstelle der Heringe können Sie auch frische Forellen verwenden. Sollten diese schwerer sein, so verdoppeln Sie die Zutatenmenge für die Marinade.

Hamburger Matjestopf

10 Matjesfilets, Milch

2 Zwiebeln

2 größere Birnen

Saft 1/2 Zitrone

1 Bund frischer Dill

250 ml süße Sahne (Obers)

200 ml saure Sahne (Rahm)

1 gestr. TL grob zerstoße-
ner, schwarzer Pfeffer

● Die Matjesfilets unter
fließendem, kaltem Wasser
waschen, mit Küchenpa-
pier abtupfen. Danach
herausnehmen und erneut
trockentupfen.

● Inzwischen die Zwiebeln
schälen, in feine Ringe
schneiden und in kochen-
dem Wasser 5 Minuten
blanchieren. Auf ein Sieb
geben und gut abtropfen
lassen.

● Die Birnen waschen,
halbieren, vom Kern-
gehäuse befreien und in
feine Scheiben schneiden.
Diese mit Zitronensaft
beträufeln, damit sie nicht
braun werden.

● Den Dill waschen, gut
trocknen und kleinzupfen.
Mit Sahne, saurer Sahne
und Pfeffer verrühren.

● In einem dekorativen
Tontopf abwechselnd
Matjesfilets, Zwiebel- und
Birnenscheiben einschich-
ten. Mit der Dillsahne
übergießen und 1 - 2 Tage
lang im Kühlschrank gut
zugedeckt durchziehen
lassen, dann servieren.

Beilage:
Geröstetes Toastbrot mit
Butter

Anmerkung:
„Matjes" sind mild gesalzene Heringsfilets von jungen Fischen, die noch nicht gelaicht haben. Das besonders zarte Fischfleisch eignet sich hervorragend zum Einlegen und Weiterverarbeiten. Die Beigabe von Früchten (Äpfel oder Birnen) unterstützt den Fischgeschmack. Reichlich frische Zwiebeln gehören auch dazu.

Matjes-„Tatar"

8 gewässerte Matjesfilets
1 TL mittelscharfer Senf
2 EL Zitronensaft
1/4 Bund geh. Dill
1/4 Bund geh Petersilie
2 EL geh Schnittlauch
Salz, weißer Pfeffer
1 Prise Zucker

● Die Matjesfilets abtropfen lassen und mit Küchenpapier trockentupfen. In sehr feine Stücke schneiden oder in der Küchenmaschine grob pürieren.

● Senf mit Zitronensaft und allen Kräutern in eine Schüssel geben. Die Matjes hinzufügen, würzen und alles gut durchmischen. Gut zugedeckt mindestens 2 Stunden lang im Kühlschrank durchziehen lassen.

Beilage:
Dunkles Bauernbrot

„Rollmöpse"

8 filetierte Salzheringe	ca. 12 - 14 Pfefferkörner
1 EL Mostrich (Senf)	2 Lorbeerblätter
3 Zwiebeln	1/4 l milder Obstessig
2 Gewürzgurken	1/8 l Wasser (abgekocht, dann gekühlt)
1 EL Kapern	
Zahnstocher	

● Die Heringfilets mit Wasser bedeckt in eine große Schüssel geben und über Nacht im Kühlschrank wässern lassen.

● Abtropfen lassen, mit Küchenpapier trockentupfen und mit Senf bestreichen. Auf jedes Filet einige Zwiebelringe, ein Stück Gewürzgurke und einige Kapern geben, dann zusammenrollen und mit Zahnstochern fixieren.

● Die so vorbereiteten Rollmöpse in einen Steintopf oder ein passendes Glasgefäß geben. Pfefferkörner sowie Lorbeerblätter darüber streuen und alles mit Essig sowie Wasser begießen.

● Nach 4 - 5 Tagen sind die Rollmöpse servierbereit.

Delikate Seezungen-Klößchen

ca. 150 g Weißbrot ohne Rinde

250 ml süße Sahne (Obers)

1 kleine Zwiebel

2 EL Butter

400 g Seezungenfilet

1 Eiweiß (Eiklar)

1 Prise frisch geriebener Muskat

Salz

weißer Pfeffer

1 l Fischsud s. Rezept S. 17

Salat und Fischrogen als Garnitur

● Das Weißbrot in kleine Würfel schneiden, in eine Schüssel geben, mit Sahne begießen, mischen und einweichen lassen.

● Die Zwiebel schälen, sehr fein hacken und in der Butter glasig dünsten. Abkühlen lassen.

● Das Seezungenfilet auf Gräten überprüfen, kurz kalt abspülen, mit Küchenpapier gut trockentupfen und durch die feine Scheibe des Fleischwolfs drehen oder in der Küchenmaschine pürieren.

● Mit Weißbrot, Sahne, Zwiebel und Eiweiß zu einer geschmeidigen Masse verarbeiten. Mit Muskat, Salz sowie Pfeffer kräftig würzen, dann kaltstellen.

● In einem größeren Topf den Fischsud oder das gesalzene Wasser erhitzen. Aus der Masse mit einem in heißes Wasser eingetauchten Eßlöffel kleine Klößchen abstechen und diese in die heiße, nicht mehr kochende Flüssigkeit geben.

● Die Kochstelle sofort herunterschalten und die Klößchen in ca. 10 - 15 Minuten - je nach Größe - garziehen lassen.

● Auf vorgewärmten Tellern anrichten, mit Salat und Fischrogen dekorieren und sofort servieren.

Beilage:
Geröstetes Weißbrot

Edle Fischpastete

450 g Mehl	1 unbehandelte Zitrone
125 g Butterschmalz	2 cl trockener Sherry
1 TL Salz, 3 Eier	Salz, Cayennepfeffer
ca. 10 EL kaltes Wasser	500 g frischer Spinat
500 g frisches Schollen- oder Forellenfilet, Butter	1 Knoblauchzehe
250 ml süße Sahne (Obers)	Butterschmalz für die Form
125 g Toastbrot	1 EL Milch zum Bestreichen
1 Zwiebel	frischer Dill und Zitronen- scheiben als Garnitur

● Für den Teig das Mehl mit 100 g weichem Butterschmalz, Salz, 1 Ei sowie Wasser zu einem geschmeidigen Teig verkneten und kühlstellen.

● Für die Fischfarce das frische Fischfilet kurz kalt abspülen, trockentupfen und in Butter weichdünsten. Abkühlen lassen. Schollen- oder Forellenfilets kleinschneiden.

● 125 ml Sahne erhitzen, das entrindete Toastbrot damit übergießen und ziehen lassen. Das Brot mit den Fischstückchen sowie der geschälten, sehr fein geschnittenen Zwiebel in eine Rührschüssel geben und durchkneten. Hierzu am besten den Elektroquirl einsetzen.

● Die Zitrone waschen, abtrocknen, reiben und auspressen.

● 1 Eigelb, 3 EL Zitronensaft, reichlich Zitronenschale, Sherry, Salz und Cayennepfeffer mischen und zur Fischmasse geben, unterkneten.

● 2 Eiweiße sowie den Rest der Sahne getrennt steif schlagen und daruntermischen.

● Den Spinat verlesen, waschen und sehr gut abtropfen lassen. Mit dem geschälten, gepreßten Knoblauch im restlichen Butterschmalz anbraten, dann mit Zitronensaft sowie Salz abschmecken und auf einem Sieb erkalten lassen.

● Eine Kastenform (Länge 30 cm) mit Butterschmalz einfetten und mit 3/4 des ausgerollten Teiges auskleiden.

● Die Hälfte der Fischfarce einfüllen. Den Spinat von Hand zu einer Rolle formen und der Länge nach einlegen, dann die restliche Fischmasse daraufgeben und mit dem übrigen Teigviertel abdecken, eventuell die Ränder verzieren. Mit einer Gabel Öffnungen für den Dampfabzug einstechen.

● Das restliche Eigelb mit der Milch verquirlen und die Teigoberseite damit gleichmäßig bestreichen.

● Nun die Pastete im vorgeheizten Backofen bei 200 °C etwa 20 Minuten backen, dann die Temperatur auf 180 °C reduzieren und weitere 60 Minuten backen. Anschließend im abgeschalteten Backofen noch 10 - 15 Minuten ausdampfen lassen, dann erst aus der Form nehmen.

● Die erkaltete Pastete mit einem scharfen Messer in Scheiben schneiden und mit Zitronenscheiben sowie frischem Dill garniert servieren.

Fischgerichte gedünstet

Fischrouladen „Imperial"

4 größere Schollen- oder Seezungenfilets à 250 g	1 kräftige Prise Cayenne-pfeffer
Saft 1/2 Zitrone, Salz	150 g Krabben, etwas Butter
250 g grätenfreies Lachs-filet	125 ml trockener Weißwein
100 ml süße Sahne (Obers)	3 EL Crème fraîche
1 - 2 Eiweiß (Eiklar)	2 - 3 TL Stärkemehl
weißer Pfeffer	einige Zahnstocher
edelsüßes Paprikapulver	

● Die Schollen- oder Seezungenfilets kurz kalt abspülen, mit Küchenpapier trockentupfen, auf eine Platte legen, salzen und mit Zitronensaft beträufeln.

● Das Lachsfilet ebenfalls kalt abspülen, mit Küchenpapier sehr gut trockentupfen und im Mixer oder in der elektrischen Küchenmaschine fein pürieren. Sahne sowie steif geschlagenes Eiweiß unterrühren, dann die Masse kräftig würzen. Die Fischfilets mit der Lachsmasse bestreichen, aufrollen und mit Zahnstochern fixieren.

● Den Dämpfeinsatz eines Fischdünsters mit Butter bestreichen, den Weißwein einfüllen, den Dämpfeinsatz einsetzen, die Rouladen drauflegen und zugedeckt ca. 20 Minuten bei mittlerer Einstellung garen. Anschließend den Einsatz aus dem Geschirr heben und den Fisch auf einer vorgewärmten Platte zugedeckt warm stellen.

● Die inzwischen kalt abgebrausten, gut abgetropften Krabben in den Sud geben und die Sauce mit in Crème fraîche glattgerührtem Stärkemehl binden. Nochmals abschmecken.

● Etwas Sauce auf vorgewärmte Servierteller vertei-

len, die von den Zahnstochern befreiten Rouladen daraufsetzen und die restliche Sauce separat dazu reichen.

Beilage:
Zucchinigemüse, Blätterteig - Gebäck

Anmerkung:
Sie können das Gericht auch im auf 180 - 200 °C vorgeheizten Backofen in ca. 20 Minuten zubereiten. Verwenden Sie dann eine hitzebeständige Form aus Glas, Glaskeramik oder Metall mit Deckel. Sollte von der Lachsmasse etwas übrig bleiben, so bereiten Sie daraus einfach eine klare Brühe mit Lachsklößchen zu.

Karpfen „polnisch"

1 küchenfertiger Karpfen von ca. 1 1/2 kg	1/4 l Obst- oder Weinessig
	1/2 l Wasser
Salz, weißer Pfeffer	Zitronenscheiben, Petersilie

● Den Karpfen vorsichtig innen säubern, dann unter fließendem Wasser waschen und nur innen würzen.

● Essig mit Wasser erhitzen, den Fisch in eine ausreichend große Auflaufform legen und mit dem Sud beträufeln.

● Bei 180 - 200 °C in 40 - 50 Minuten im Backofen offen dünsten, dabei gelegentlich begießen. Der Karpfen ist gar, wenn sich die Rückenflosse leicht lösen läßt.

● Mit Zitronenscheiben und Petersilie garniert servieren.

Beilage:
Salzkartoffeln (gekochte Erdäpfel), Gurkensalat

Seeteufel in weißer Buttersauce

800 g Seeteufel (Lotte)	4 - 5 Schalotten
6 EL Zitronensaft, Salz	150 g kalte Butter
frisch gem. weißer Pfeffer	Salz
Butter für den Dämpfeinsatz	150 ml Champagner oder ein trockener Weißwein z.B. weißer Bordeaux
300 ml Fischfond (Rezept Seite 20)	1 EL frisch geh. Estragon

● Den Seeteufel unter kaltem Wasser gründlich waschen, abtropfen lassen und mit Küchenpapier trockentupfen. In vier Scheiben schneiden, mit Zitronensaft beträufeln sowie pfeffern. Auf den mit Butter eingefetteten Dämpfeinsatz eines Fischtopfes legen.

● Den vorbereiteten Fischfond im Topf aufkochen, den Dämpfeinsatz mit den Seeteufelscheiben einsetzen und den Fisch zugedeckt 2 - 3 Minuten dämpfen, dann wenden und weitere 3 Minuten garen. Herausheben und warm stellen.

● In der Zwischenzeit die Schalotten schälen, fein hacken und mit 50 g Butter in einem weiten, halbhohen Topf glasig dünsten. Den Fischfond dazugeben und auf hoher Stufe um die Hälfte reduzieren. Champagner oder weißen Bordeaux zugeben, etwas einkochen, dann salzen sowie pfeffern.

● Die restliche, kalte Butter Stück für Stück einrühren, bis die Sauce glänzend und etwas „musig" ist. Nochmals abschmecken, mit den Seeteufelscheiben anrichten und zuletzt mit frischem Estragon garnieren.

Beilage:
Körniger, mit Wildreis gemischter Butterreis, gedünsteter Blattspinat oder extra feine Erbsen

Anmerkung:
Sollten Sie für die Sauce einen weißen Bordeaux verwendet haben, so servieren Sie ihn auch zum Fisch. Wichtig ist, den Wein vorher gut zu kühlen.

Interessant für Sie:
Der Seeteufel ist, aufgrund seiner außergewöhnlichen Gestalt, leicht von allen anderen Fischarten zu unterscheiden. Sein Kopf ist breit, eher kugelig, mit einem vorstehenden Unterkiefer. Sein Rücken weist eine dunkelbraune Färbung auf. Er gehört zur Gruppe der „Grundfische" und lebt in den Küstenregionen des Atlantiks oder des Mittelmeeres in Tiefen bis zu 1000 Metern. Meeraale und andere Fischarten sind seine Hauptnahrungsquellen. Er kann bis zu 2 m lang werden und ein Gewicht von 20 kg oder mehr erreichen. Der Seeteufel ist grätenfrei, hat ein festes, weißes und sehr wohlschmeckendes sowie aromatisches Fischfleisch. Daher wird er von Feinschmeckern hoch geschätzt. Zwar ist er als typischer Anglerfisch im Handel sehr teuer, dennoch lohnt sich der Kauf. Man kennt ihn auch unter seinem französischen Namen Lotte.

Zander in Sahnesoße

1 küchenfertiger Zander von ca. 1,5 kg	1 Möhre (Karotte)
2 - 3 EL Zitronensaft	1/8 l saure Sahne (Rahm)
1 TL Salz	2 EL Mehl
125 g fetter Speck	etwas trockener Weißwein
75 g Butter	weißer Pfeffer
1 Zwiebel	2 geschälte, große Kartoffeln (Erdäpfel)

● Den Zander gründlich unter fließendem kaltem Wasser säubern und mit Küchenpapier trockentupfen. Innen mit Zitronensaft beträufeln und salzen

● Den Speck in 10 cm lange Steifen schneiden und damit den Fisch spicken.

● Die Bratpfanne des Backofens mit etwas Butter ausfetten. Die Kartoffeln an einer Seite glattschneiden, in die Pfanne legen und den Fisch mit der offenen Bauchseite daraufsetzten.

● Die restliche Butter etwas erwärmen und den Zander damit gleichmäßig bestreichen. Die geschälte, geviertelte Zwiebel und die geputzte, halbierte Möhre dazulegen.

● Bei 200 - 220 °C den Fisch im vorgeheizten Backofen 40 - 50 Minuten garen, dabei gelegentlich mit dem Abtropfsaft bestreichen.

● Saure Sahne mit Mehl glattrühren und ca. 15 - 20 Minuten vor Ende der Bratzeit über dem Fisch verteilen.

● Zum Servieren den Zander vorsichtig aus der Pfanne heben, den Bratenfond mit der restlichen Sahnemischung aufkochen und mit Weißwein, Salz und Pfeffer abschmecken.

Beilagen:
Salzkartoffeln (Erdäpfel), Kopfsalat mit Sahne (Obers)

Hecht in Folie gegart

1 frischer Hecht mit ca. 1,5 kg geschuppt und gesäubert

Saft 1/2 Zitrone

2 EL frische, gehackte Kräuter (Petersilie, Schnittlauch, Dill, Estragon)

Salz, weißer Pfeffer

40 g weiche Butter

100 g Crème fraîche

4 EL trockener Weißwein

4 Zitronenscheiben

1 großes Stück dicke Alufolie

● Den Hecht gründlich unter kaltem Wasser säubern, mit Küchenpapier trockentupfen, dann innen sowie außen mit Zitronensaft einreiben, mit Salz und Pfeffer würzen.

● Den Backofen auf 220 °C vorheizen. Ein großes Stück Alufolie so zuschneiden, daß man den Fisch darin einschlagen kann. Die glänzende Seite mit etwas Butter bestreichen.

● Die gehackten Kräuter mit 2 EL Crème fraîche verrühren und in die Bauchhöhle geben. Den so vorbereiteten Hecht auf die Alufolie geben, mit der restlichen Butter sowie Crème fraîche bestreichen, mit Weißwein beträufeln und die Zitronenscheiben auflegen.

● Die Folie locker einschlagen und an den Enden falzen, so daß kein Saft austreten kann.

● Die Packung auf ein Backblech legen und in den inzwischen heißen Backofen einsetzen. Etwa 40 - 50 Minuten garen, in den letzten 15 Minuten die Folie öffnen, damit der Fisch etwas Farbe erhält. Dann die Zitronenscheiben entfernen.

Beilagen: Bouillonkartoffeln, grüner Salat

Interessant für Sie:
Der Hecht ist zwar ein bekannter Süßwasserfisch, allerdings wird er eher selten angeboten. Als großer „Räuber" benötigt er so viel Nahrung, wie sein Gewicht beträgt. Der Hecht lebt in fließenden Gewässern sowie Seen. Das Fleisch von mittelgroßen Tieren mit einem Gewicht bis 1,5 kg ist zart, saftig und weniger grätenreich. Am besten kauft man ihn in der Zeit von September bis Januar.

Seezungenröllchen in Rahm-Champignonsauce

8 frische Seezungenfilets (ca. 700 - 800 g)	150 ml trockener Weißwein
Saft 1/2 Zitrone	250 g frische Champignons
4 EL Krabbenbutter oder -creme	1 kleine Zwiebel
1 kleiner Bund Dill	20 g Butter
Salz, weißer Pfeffer	400 ml Sahne (Obers)
125 g Krebs- oder Krabbenfleisch	2 Eigelb (Eidotter)
	1 EL Stärkemehl
Butter zum Ausstreichen der Form	etwas Zitronensaft, einige Zahnstocher, Alufolie

● Die Seezungenfilets unter kaltem Wasser kurz kalt abspülen, mit Küchenpapier trockentupfen und mit Zitronensaft beträufeln. Etwas durchziehen lassen, dann die Filets mit der Bauchseite nach oben auf ein Brett legen. Mit der Krabbenbutter oder -creme bestreichen, mit feingehacktem Dill bestreuen, dann mit Salz sowie Pfeffer würzen. Gewaschenes gut abgetropftes Krebs- oder Krabbenfleisch darauf geben. Nun die Filets vom Ende zur Spitze hin aufrollen und mit Zahnstochern fixieren.

● Eine flache Auflaufform mit Butter einfetten, die Seezungenröllchen eng nebeneinander hineinsetzen und mit Weißwein beträufeln.

● Den Backofen auf 200 - 220 °C vorheizen. Die Filets locker mit einem großen Stück Alufolie abdecken, dann in den heißen Backofen geben und ca. 15 Minuten garen. Die Alufolie abnehmen

und weitere 5 Minuten offen zubereiten.

● Inzwischen die Champignons unter fließendem Wasser säubern, gut abtropfen lassen und blättrig schneiden. Die geschälte, feingehackte Zwiebel in wenig Butter glasig dünsten, die Champignons dazugeben und weichgaren.

● In einem mittelgroßen Kochtopf die Sahne erhitzen, Eigelb mit Stärkemehl verquirlen, die Sahne von der Kochstelle nehmen und mit der Eigelbmischung binden. Champignons hinzufügen und die Sauce nochmals abschmecken zuletzt Zitronensaft unterziehen.

● Die Seezungenröllchen auf Portionstellern anrichten und mit der Champignonsauce übergießen.

Beilage:
Petersilien - Kartoffeln (Erdäpfel)

Lachsscheiben in pikanter Sauce

12 dünn geschnittene Lachsfiletscheiben	1/4 l trockener Weißwein
	2 EL Stärkemehl
weißer Pfeffer, Zitronensaft	3 - 4 EL süße Sahne (Obers)
etwas Butter	
50 g Sonnenblumenkerne	30 g Butterflöckchen
1 EL Kresse-Blättchen	Salz
1/4 l Fischfond (s. S. 20)	frische Kresse als Garnitur

● Das Lachsfilet kurz kalt abspülen, mit Küchenpapier trockentupfen, pfeffern und mit Zitronensaft beträufeln. Die Butter in einer größeren Pfanne schmelzen, die Fischscheiben von beiden Seiten darin anbraten, mit etwas Fischfond auffüllen und zugedeckt einige Minuten lang dünsten lassen.

● Inzwischen die Sonnenblumenkerne im Mixer

pürieren, dann die Kresseblättchen dazugeben mitpürieren.

● Den Fisch aus der Pfanne nehmen, auf eine vorgewärmte Platte geben und zugedeckt warmhalten. Die Kern-Kressemischung, den restlichen Fischfond und den Wein aufkochen, mit in Sahne aufgerührter Stärke binden, Butterflöckchen dazugeben und kräftig würzen. Unter beständigem Rühren zu einer feinen Sauce verarbeiten.

● Den Fisch auf Serviertellern verteilen und die Sauce dekorativ dazugeben. Mit frischer Kresse garnieren.

Beilage:
Körniger Reis, Tomaten (Paradeiser)-salat

Karpfen-Gulasch aus der Steiermark

1 kg küchenfertiger Karpfen	2 - 3 EL Butterschmalz
Salz, weißer Pfeffer	50 g geräucherter Speck, in Würfeln
2 Zwiebeln	Paprikapulver
2 Tomaten	1 kleine Knoblauchzehe nach Belieben
1 grüne Paprika	etwa 1/8 l Sauerrahm (saure Sahne)
1 gelbe Paprika	
1 Stange Lauch (Porree)	

● Den Karpfen kalt abspülen und mit Küchenpapier trockentupfen. Dann häuten, filetieren, in Würfel schneiden und würzen.
● Die Zwiebel schälen und würfeln. Die Tomaten mit heißem Wasser überbrühen und anschließend die Haut vorsichtig abziehen. Die Paprika waschen, halbieren und von den Kernen und Rippen befreien. Tomaten und Paprika würfeln. Den Lauch putzen, waschen und in Ringe schneiden.
● Zuerst die Zwiebeln in heißem Butterschmalz andünsten. Speck, Tomaten und Paprikastücke dazugeben. Mit Paprikapulver und nach Belieben mit gepreßtem Knoblauch

würzen. Die Fischwürfel hinzufügen und durchmischen. Kurz durchziehen lassen, dann mit Wasser ablöschen und zugedeckt auf niedriger Stufe ca. 15 - 20 Minuten dünsten.
● Von der Kochstelle

nehmen, den Sauerrahm unterziehen, nochmals abschmecken und servieren.

Beilage:
Gebratene Kartoffeln (Erdäpfel)

Fischcurry

800 g Fischfilet (z.B. Kabeljau, Seelachs oder Schellfisch)	1/4 l Hühnerbrühe
	5 reife Tomaten (Paradeiser)
Saft 1 Zitrone	200 g Krabben
Salz, 1/4 l Wasser	4 - 5 EL süße Sahne (Obers)
40 g Butter	
2 EL Curry	1 Prise Zucker
40 g Mehl	etwas weißer Pfeffer

● Das Fischfilet unter kaltem Wasser kurz abspülen und mit Küchenpapier trockentupfen. Mit Zitronensaft beträufeln, dann salzen und einige Minuten lang durchziehen lassen. In kochendem Wasser 5 - 8 Minuten dünsten lassen, vorsichtig herausheben, auf eine Platte legen, würfeln und zugedeckt warm halten. Die Brühe beiseite stellen.
● In einem zweiten Topf die Butter schmelzen, Curry sowie Mehl einrühren, einen Teil der Fischbrühe und die Hüh-

nerbrühe langsam einrühren. Auf niedriger Stufe köcheln lassen.
● Die Tomaten heiß überbrühen, häuten, vierteln, den grünen Stielansatz herausschneiden und würfeln. Mit den gewaschenen, gut abgetropften Krabben zur Sauce geben. Kurz durchziehen lassen, dann die Fischwürfel, Zucker, Sahne und Pfeffer unterziehen. Erhitzen, nochmals abschmecken und servieren.

Beilage:
Körnig gekochter Reis.

Aal in Dillrahm

1 kg frischer, küchen-fertiger Aal	1 Stückchen Schale einer unbehandelten Zitrone
Salz, Pfeffer	1/2 Bund frischer Dill
ca. 1/4 l Wasser	50 g Butter
ca. 1/8 l trockener Weißwein	2 Eigelb (Eidotter)
1 kleine Zwiebel	Saft 1/2 Zitrone
1/2 Lorbeerblatt	Sahne (Obers)

● Den Aal abziehen, gründlich waschen und mit Küchenpapier trocken-tupfen. In ca. 4 cm lange Stücke schneiden, dann würzen. Wasser, Wein, geschälte und feingehack-te Zwiebel, Lorbeerblatt und Zitronenschale in einen Topf geben und aufkochen.

● Die Aalstücke in den Sud geben und in ca. 15 Minuten bei mittlerer Hitze weichgaren. Den Fisch mit Hilfe einer Schöpfkelle herausheben und auf eine vorgewärmte Platte legen. Zugedeckt warmhalten.

● Die Brühe noch etwas einkochen lassen.

● Butter sowie gewaschenen, eingehackten Dill einrühren, dann den Topf von der Kochstelle nehmen und die Soße mit Eigelb legieren. Zuletzt mit Zitronensaft sowie Sahne abrunden, nochmals abschmecken, über die Aalstücke geben und sofort servieren.

Beilagen:
Salzkartoffeln (gekochte Erdäpfel), Gurkensalat

Kabeljaufilet auf Mangold

600 g festkochende Kartoffeln (Erdäpfel)	gemahlener weißer Pfeffer
	180 g milder Bergkäse
Salz	2 Eier
500 g Mangold	100 g Crème fraîche
600 g Kabeljaufilet	50 - 60 g Butter
1 EL Zitronensaft oder Weißwein	1 kleine Tomate (Paradeiser)

● Die Kartoffeln unter kaltem Wasser säubern, die Schale mehrmals mit einer Gabel einstechen, dann in kaltem Salzwasser ansetzen und ca. 40 Minuten garen. Abgießen, ausdampfen lassen, dünn schälen und in feine Scheiben schneiden.

● Den Mangold putzen, gründlich waschen, ca. 3 - 4 Minuten in heißem Salzwasser blanchieren, kalt abschrecken und abtropfen lassen.

● Das Kabeljaufilet kurz kalt abspülen, mit Küchenpapier trockentupfen, in Stücke schneiden, mit Zitronensaft oder Weißwein beträufeln, leicht salzen und mit Pfeffer würzen.

● Den Bergkäse reiben. Die Eier mit der Crème fraîche sowie 2 - 3 EL Wasser oder Wein verquirlen. Hierzu am besten den Elektroquirl mit Schlägern einsetzen. Die Hälfte des Käses daruntermischen.

● Eine hitzebeständige, am besten ovale Auflaufform, mit etwas Butter einfetten. Die Kartoffelscheiben einschichten und mit Salz sowie Pfeffer würzen.

● Die Hälfte der Käsecreme darauf verteilen. Den

geschnittenen Mangold
einschichten.

● Die restliche Butter
schmelzen, über das
Gemüse verteilen, dann
pfeffern.

● Anschließend die Fisch-
stücke auflegen, mit der

restlichen Käsecreme
überziehen und mit dem
geriebenen Käse bestreu-
en.

● Den Backofen auf 200 -
230 °C vorheizen, das
Gericht einschieben und
ca. 30 - 35 Minuten
backen lassen.

43

● Mit feinen Tomatenstreifen garniert heiß servieren.

Interessant für Sie:
Der Kabeljau ist im Nordatlantik und in der Nordsowie Ostsee beheimatet. Jungen Kabeljau nennt man auch „Dorsch". Sein Fleisch ist zart und wohlschmeckend. Als typischer Seefisch wird er frisch oder tiefgefroren angeboten. In Südeuropa wird er häufig gesalzen und getrocknet (Klippfisch, Stockfisch)

Heilbutt in Senfbutter

4 Scheiben frisches Heilbuttfilet à ca. 200 g	2 - 3 EL Obstessig
Salz, 1 EL Zitronensaft	Senfbutter: 150 g Butter 1 1/2 TL Senf z.B. mittelscharfer Dijon-Senf
1 Zwiebel	
4 Pfefferkörner	etwas Fischsud (s. S. 17)

● Das Heilbuttfilet kurz kalt abspülen und mit Küchenpapier trockentupfen, dann salzen sowie mit Zitronensaft beträufeln. Etwas durchziehen lassen, dann in einen Fischtopf geben.

● Die Zwiebel schälen, in Ringe schneiden und auf dem Fisch verteilen. Zerstoßene Pfefferkörner sowie Essig hinzufügen. Etwas Wasser angießen, dann das Gericht zugedeckt ca. 12 - 15 Minuten garen.

● Inzwischen die Senfbutter vorbereiten. Hierzu die Butter schmelzen, Senf mit etwas Fischsud einrühren, erhitzen.

● Die Fischstücke anrichten, mit der Butter überziehen und sofort servieren.

Beilage:
Gekochte Kartoffeln (Erdäpfel), Tomaten (Paradeiser)-salat mit frischen Zwiebeln

Interessant für Sie:
Der weiße Heilbutt gehört zur Familie der Plattfische. Seine Oberfläche ist graubraun, die Unterseite weiß. Als Tiefseefisch lebt er im Atlantik sowie Nord-Pazifik und

kann eine Länge von bis zu 2 Metern erreichen. Das Fischfleisch des Heilbutts ist weiß und sehr geschmackvoll. Braten, Dünsten oder Grillen sind vielfältige Zubereitungen, insbesondere für diesen Fisch. Frisch kauft man ihn am besten in der Zeit von Oktober bis März. Der schwarze Heilbutt ist kleiner, beidseitig schwarz, jedoch nicht so aromatisch im Geschmack. Sein weiches, eher fettreiches Fischfleisch ist zum Dünsten oder Grillen geeignet. Der feinste Vertreter aus der Familie der Plattfische ist der Steinbutt. Typisch für ihn sind die kleinen, knochenartigen Erhebungen an seiner Oberseite. Sein Lebensraum ist das Schwarze Meer, Mittelmeer, aber auch die Nordsee. Sein besonders feines Fleisch eignet sich am besten zum Ausbacken in heißem Fett.

Kabeljaufilet in Estragonsauce
– aus dem Schnellkochtopf –

4 Scheiben Kabeljaufilet à 200 g	Sauce: 50 g frische Champignons
4 gehackte Schalotten	1/2 EL Zitronensaft, 1 Ei
je 1/8 l trockener Weißwein, Wasser	100 g saure Sahne (Rahm)
	Salz, weißer Pfeffer
etwas Butter, Salz, weißer Pfeffer	20 g Butter
	1 1/2 EL feingeh. Estragon
1 Zweig Estragon	2 Msp. Hühnerbrühe Instant

● Das Kabeljaufilet kurz kalt abspülen und mit Küchenpapier trockentupfen. Die Schalotten mit Weißwein, Estragon und 1/8 l Wasser in einen großen Schnellkochtopf geben und aufkochen. Den Locheinsatz mit etwas Butter bestreichen, die Fischscheiben darauflegen, dann würzen. Einen Abstandshalter (Dreibein, Dünsteinsatz) in den Topf geben, den Locheinsatz mit den Fischscheiben daraufsetzen, den Topf verschließen und den

Fisch auf der Schonstufe 3 Minuten dampfgaren.

● Den Schnellkochtopf von der Kochstelle nehmen. Abwarten, bis sich der Garanzeigestift ganz gesenkt hat, dann den Topf öffnen. Den Fisch herausnehmen und zugedeckt warmstellen.

● Inzwischen die Champignons putzen, kurz kalt abspülen, trockentupfen und mit dem Zitronensaft im Mixer fein pürieren. Den Fischsud durch ein feines Sieb passieren. Die Flüssigkeit wieder in den Topf geben und bei starker Hitze bis auf 1/2 Tasse einkochen lassen.

● Ei mit saurer Sahne verrühren. Den noch warmen Sud dazugeben. Die Sauce wieder in den Topf füllen und unter beständigem Rühren langsam erhitzen.

● Ist die Sauce gebunden, den Topf von der Kochstelle nehmen, die pürierten Champignons sowie Butter zufügen. Mit Salz, Pfeffer, Estragon und etwas Hühnerbrühe abschmecken. Die Sauce über den Fisch verteilen und sofort servieren.

Beilage:
Gekochte Kartoffeln (Erdäpfel) oder Reis, grüner Salat

Anmerkung:
Der Estragon läßt sich auch durch frischen Dill ersetzen. Anstelle der Champignons können Sie püriertes Avocadofleisch zur Sauce geben. Möchten Sie den Fisch nicht im Schnellkochtopf zubereiten, so garen Sie ihn ca. 10 - 12 Minuten in einem größeren weiten Bräter mit Dünsteinsatz.

Bachforelle „blau"

1/4 l trockener Weißwein	8 - 10 Pfefferkörner, Salz
4 EL Weinessig	1 -2 Lorbeerblätter
2 Möhren (Karotten)	4 küchenfertige Bachforellen à 400 - 500 g
2 Zwiebeln	
4 Zitronenscheiben	Butter

● Den Weißwein mit 1/2 l Wasser mischen und in

einem größeren, länglichen Fischtopf aufkochen.

Essig, geputzte und in
Scheiben geschnittene
Möhren sowie geschälte,
geviertelte Zwiebeln,
Zitronenscheiben, Salz,
Pfefferkörner und Lorbeer-
blätter dazugeben.

● Zugedeckt 15 - 20
Minuten „köcheln" lassen.

● Inzwischen die Forellen
kalt abspülen und trockentupfen. In den vorbereiteten Sud legen und ca. 15
Minuten durchziehen
lassen.

● Die Butter schmelzen.

● Die Forellen aus dem
Sud heben, mit etwas Sud
und der geschmolzenen
Butter anrichten und mit
Zitronenscheiben garnie-
ren.

Beilage:
Salzkartoffeln (gekochte
Erdäpfel) mit frisch
gehackter Petersilie
bestreut und Salat.

Hinweis:
Die Forellen können Sie
mit Petersilie, Salatblät-
tern, Tomaten- und Zitro-

nenscheiben garnieren. Dazu reicht man nach Belieben

- frische oder geschmolzene Butter

- frisch geriebenen Meerrettich

Die Forellen lassen sich auch im Backrohr bei 180 - 200 °C in 20 - 25 Minuten in einer größeren Bratreine (Bratgeschirr) dünsten.

Interessant für Sie:

Beliebt und weit verbreitet ist die mit dem Lachs verwandte Forelle.

Man unterscheidet zwischen drei Arten: Regenbogenforelle, Bachforelle und Seeforelle. Die erste verdankt ihren Namen der in Regenbogenfarben schillernden Haut. Sie wächst vor allem in Zuchtteichen und fühlt sich daher in wärmeren Gewässern sehr wohl. Die Heimat der Bachforelle sind die kalten, sauerstoffreichen Bäche. Ihr Fleisch ist besonders schmackhaft, weiß und fest. Die Seeforelle bevorzugt große, tiefe Seen. sie kann eine Größe von 1 Meter erreichen, jedoch nur die kleinen, jungen Fische liefern eine wohlschmeckende Qualität. Forellen gibt es heute ganzjährig. Von Mai bis August schmecken sie jedoch am besten. Gleiches gilt für die Saiblinge, die als nahe Verwandte ein den Forellen ähnliches Aussehen haben.

Donau-Waller im Wurzelsud

8 Wallerstücke à ca. 100 - 150 g (Wels)	1 Lorbeerblatt
	Thymian
Wurzelwerk aus: 1/4 Stück Sellerie, 2 große, Möhren (Karotten), 1/2 Petersilienwurzel	einige Pfefferkörner
	1 Prise Zucker
	2 - 3 EL Weinessig
1 Zwiebel	etwas Dill als Garnitur
1 Stange Lauch (Porree)	2 EL frisch geriebener Meerrettich (Kren) zum Bestreuen
Salz	

● Die Wallerstücke kurz kalt abspülen und abtropfen lassen.

● Sellerie, Möhren, Petersilienwurzel und Zwiebel schälen, waschen, würfeln oder in Scheiben schneiden. Den Lauch putzen, waschen und in Ringe schneiden.

● Die Fischstücke zusammen mit dem so vorbereiteten Wurzelwerk in einen größeren Topf geben.

● Salz, Lorbeerblatt, Thymian und zerstoßene Pfefferkörner dazugeben. Zucker mit Essig mischen und darüber verteilen. Mit so viel Wasser auffüllen, dass die Fischstücke gerade bedeckt sind.

● Bei niedriger Stufe im geschlossenen Geschirr in 15 - 20 Minuten garziehen lassen.

● Die Wallerstücke vorsichtig herausheben. Das Wurzelwerk auf Tellern dekorativ anrichten, die Fischstücke darauflegen, mit Dill garnieren und mit frisch geriebenem Meerrettich bestreuen. Etwas Sud darüber verteilen und sofort servieren.

Beilage:
Salzkartoffeln (gekochte Erdäpfel)

Interessant für Sie:
Der Wels oder Waller lebt hauptsächlich in warmen Seen und großen Flüssen in Mittel- sowie Osteuropa. Ausgewachsene, große Tiere können 3 - 5 Meter lang und über 100 kg schwer werden.
Das Fischfleisch ist fast grätenfrei, würzig, jedoch relativ fettreich. Man kauft ihn am besten in der Zeit von November bis Februar.

Mandel-Forellenfilets in Rieslingsoße

500 - 600 g Forellenfilets	100 g blättrig geschnittene Mandeln
Salz, weißer Pfeffer	
etwas Zitronensaft	30 g Butter, 100 ml Rahm
50 g Butter, 1 Zwiebel	50 g Champignons
100 - 125 ml trockener Weißwein (Riesling)	2 EL kalte Butter
	1 EL gehackte Petersilie

● Die gewaschenen und mit Küchenpapier abgetupften Forellenfilets vorsichtig salzen, pfeffern und mit etwas Zitronensaft beträufeln.

● Die Butter in einem größeren Bratgeschirr auslassen, feingehackte Zwiebel darin kurz andünsten. Die Fischfiletstücke auflegen, den Weißwein hinzugießen und alles zusammen auf niedriger Stufe in etwa 10 Minuten garziehen lassen.

● Inzwischen die Mandelblättchen in etwas Butter anrösten.

● Die fertigen Forellenfilets vorsichtig heraufheben, auf eine vorgewärmte Platte geben und zum Warmhalten mit Alufolie abdecken.

● Die Weinsoße mit dem Rahm einkochen, blättrig geschnittene Champignons mitdünsten und zuletzt etwas kalte Butter einrühren. Nochmals mit Salz und Pfeffer abschmecken, dann mit frisch gehackter Petersilie würzen.

● Die Forellenfilets auf Tellern anrichten, mit den gerösteten Mandeln bestreuen und die Soße dazugeben.

Beilage:
Körniger Reis

Fischgerichte gebraten oder gegrillt

Gebratene Mai-Schollen

4 küchenfertige Schollen à ca. 350 g	100 g geräucherter, durchwachsener Speck
Saft 1/2 Zitrone	1/2 Bund glatte Petersilie
Salz, weißer Pfeffer, Mehl	50 - 60 g Speiseöl
150 g frische Champignons	Zitronenachtel als Garnitur

● Die Schollen unter fließendem, kaltem Wasser abspülen, dann trockentupfen, salzen und mit Zitronensaft beträufeln. Etwa 30 Minuten lang durchziehen lassen, dann erneut trockentupfen, pfeffern und in Mehl wenden.

● Die Champignons waschen, abtropfen lassen und halbieren oder vierteln. Den Speck fein würfeln. Die gewaschene Petersilie zerteilen.

● Das Öl in einer großen Pfanne erhitzen, Pilze und Speck darin kurz anbraten und herausnehmen. Nun die Schollen von jeder Seite ca. 5 - 7 Minuten bei milder Hitze braten, dann herausnehmen und auf vorgewärmte Teller legen.

● Speck, Pilze und die feingeschnittene Petersilie nochmals kurz durchschwenken. Über die Schollen verteilen und mit Zitronenachteln garniert servieren.

Beilage:
Salzkartoffeln (gekochte Erdäpfel), Salat

Interessant für Sie:
Die Scholle gehört zur Familie der Plattfische. Sie wird auch „Goldbutt" oder - Anfang Mai frisch gefangen - „Maischolle" genannt. Der Fisch hat eine Länge von durchschnittlich 50 cm bei einem Gewicht von ca. 1 kg. Ihr Fleisch ist weiß, sehr wohlschmeckend, jedoch nicht allzu fest. Daher eignet sich die Scholle am besten zum Kurzbraten in der Pfanne. Ihr Haupt-Lebensraum ist die Nord- oder Ostsee sowie der Atlantik. Frisch gefangen kauft man sie am besten ab Mai bis September.

Gebackene Forellen mit Meerrettich (Kren)-Sahnesauce

4 küchenfertige Forellen à ca.350 g	250 ml Gemüsebrühe (frisch oder Instant)
Salz, weißer Pfeffer	125 ml süße Sahne (Obers)
Saft 1 Zitrone	250 g Sahne-Meerrettich (Kren) z.B. von Thomy
1 ungespritzte Zitrone	1/2 TL Zucker
2 Dill-Stengel	20 g Mandelblättchen
1 kg frischer Spinat	2 EL Öl
2 Zwiebeln	etwas frisch geriebener Muskat
1 1/2 EL Butter oder Margarine	Backpapier
1 EL Mehl	Dillblüten nach Belieben

● Die Forellen unter kaltem Wasser gründlich waschen und mit Küchenpapier trockentupfen. Anschließend die Fischhaut mit einem scharfen Messer mehrmals einritzen, mit Salz sowie Pfeffer einreiben, dann mit Zitronensaft beträufeln.

● Den Backofen auf 200 - 220 °C vorheizen. Die zweite Zitrone waschen und in feine Scheiben schneiden. Ein tiefes Blech mit Backpapier auslegen, die Forellen daraufgeben, mit Zitronenscheiben belegen und in den heißen Ofen schieben. Ca. 25 - 30 Minuten braten.

● Den Dill kurz waschen, trockenschleudern, die Fähnchen von den Stielen zupfen und 5 Minuten vor Ende der Bratzeit zum Fisch geben.

● In der Zwischenzeit den Spinat putzen, gründlich waschen und in wenig kochendem Salzwasser kurz dünsten. Gut abtropfen lassen.

● Die Zwiebeln schälen, fein würfeln. In heißer Butter oder Margarine glasig dünsten. Den Topf von der Kochstelle nehmen, das Mehl einstreuen, anschwitzen und mit Brühe sowie Sahne ablöschen. Unter beständigem

Rühren aufkochen lassen. Den Sahne-Meerrettich zufügen, unterrühren, dann die Sauce mit Salz, Pfeffer sowie Zucker abschmecken.

● Die Mandelblättchen in einer größeren Pfanne rösten, herausnehmen und das Öl hineingeben. Den Spinat zufügen, erwärmen und mit Pfeffer sowie Muskat abschmecken.

● Auf einer Platte anrichten, mit den Mandelblättern bestreuen und den Fisch zusammen mit etwas Sauce daraufgeben. Nach Belieben mit Dillblüten garnieren. Die restliche Sauce separat dazu reichen.

Aus der Pfanne: Panierte Fischfilets (Backfisch)

4 Portionen Fischfilet (z.B. Seezunge, Scholle, Forelle, Zander, Heilbutt, Kabeljau, Rotbarsch)	2 Eier, Salz, 2 EL Milch (verquirlt)
	150 g Semmelbrösel
4 EL Zitronensaft	200 g Pflanzenfett oder Öl
Salz, weißer Pfeffer	Petersilie, Zitronen-
8 EL Mehl	scheiben

● Die Fischfilets kurz kalt abspülen und mit Küchen-papier trockentupfen. Mit Zitronensaft beträufeln, ca.

10 Minuten ziehen lassen, dann würzen. In Mehl wenden, durch die verquirlte Eimasse ziehen, in Semmelbröseln panieren und die Panade gut andrücken.

● In einer großen Pfanne das Fett erhitzen, die Filetstücke hineinlegen und auf beiden Seiten - je nach Dicke - in 3 - 4 Minuten goldbraun backen. Auf Küchenpapier abtropfen lassen ,dann mit Petersilie sowie Zitronenscheiben garniert servieren.

Beilage:
Kartoffel (Erdäpfel)-Salat

Karpfenfilets im Bierteig

1 1/2 - 2 kg Karpfen	Zitronenspalten und Petersilie zum Garnieren
Salz, weißer Pfeffer	Bierteig:
Zitronensaft	150 g Mehl
Mehl zum Wenden	100 ml Bier (hell o. dunkel)
Butterschmalz oder Öl zum Ausbacken	2 Eigelb, etwas Salz
	2 Eiweiß (Eiklar)

● Den Karpfen säubern, unter fließendem Wasser gründlich waschen und in 4 gleich große Stücke teilen. Mit Salz und Pfeffer würzen, mit Zitronensaft beträufeln und ca. 10 - 15 Minuten ziehen lassen.

● Inzwischen den Bierteig vorbereiten. Hierzu das Mehl in eine Schüssel sieben, mit Bier, Eigelb und Salz verrühren. Etwa 15 Minuten zum Ausquellen stehen lassen. Zuletzt die Eiweiße steif schlagen und unterziehen.

● Butterschmalz oder Öl erhitzen. Die Fischstücke kurz in Mehl wenden, einzeln durch den Bierteig ziehen und anschließend im heißen Fett knusprig ausbacken.

● Auf Küchenpapier legen, abtropfen lassen und dann mit Zitronenspalten sowie Petersilie garniert servieren.

Beilage:
Kartoffel (Erdäpfel)-salat

Interessant für Sie:
Der Karpfen ist in drei verschiedenen Arten erhältlich: als Schuppen-, Spiegel-, oder Lederkarpfen. Diese unterscheiden sich vornehmlich in der Anzahl ihrer Schuppen. Vorwiegend in Teichen lebend, ist der Karpfen ein wichtiger Zuchtfisch. Dabei kann er eine Größe von ca. 60 cm erreichen und weist ein Durchschnittsgewicht von 2 kg auf. Frisch kauft man ihn am besten in der Zeit von Oktober bis April.

Raffiniert gefüllter Donau-Zander

1 küchenfertiger Zander mit ca. 1 kg	etw. geh. Petersilie
Saft 1/2 Zitrone	weißer Pfeffer
Salz, weißer Pfeffer	1 Prise Cayennepfeffer
Füllung:	einige Zahnstocher
1 altbackene Semmel	zum Braten:
1 - 2 EL heiße Milch	80 g magerer Speck in Streifen geschnitten
1 Zwiebel	50 g flüssige Butter
30 g Butter	1/4 l süße Sahne (Obers)
40 g gewürfelter, magerer Speck	1/8 l trockener Weißwein
	250 g Champignons

● Den Zander gut säubern, dann kurz kalt abspülen und mit Küchenpapier trockentupfen. Zitronensaft, Salz sowie Pfeffer mischen und den Fisch damit von innen sowie außen einreiben. Etwa 15 Minuten durchziehen lassen.

● Für die Füllung die Semmel fein schneiden, in eine Schüssel geben und mit heißer Milch beträufeln. In Butter gedünstete Zwiebel, Speck sowie Petersilie dazugeben, würzen und gut durchmischen. Den Zander damit füllen und die Bauchöffnung mit einigen Zahnstochern zustecken.

● Den Backofen auf 190 - 210 °C vorheizen.

● Zum Braten beide Seiten des Fisches mit Speckscheiben spicken oder locker feststecken. Dann in eine größere, backofenfeste Form aus Glaskeramik oder Metall legen und in den heißen Backofen schieben. Bereits nach ca. 10 Minuten mit flüssiger Butter beträufeln und weitere 30 Minuten braten lassen.

● Zwischendurch Sahne sowie Weißwein darübergeben. Gelegentlich begießen.

● Die Champignons putzen, kurz waschen, blättrig schneiden und ca. 8 Minuten vor Ende der Bratzeit zum Fisch geben.

● Die Form aus dem Backofen nehmen, den

Zander auf eine Platte heben, die Sauce nochmals abschmecken und mit dem Fisch servieren.

Beilage:
Gekochte oder gebratene Kartoffeln (Erdäpfel), Salat oder Erbsenschoten

Interessant für Sie:
Der Zander ist ein in Ost- sowie Mitteleuropa sehr bekannter Fisch. „Schill" heißt er in Österreich und in Ungarn wird er als „Fogosch" bezeichnet. Wie der Hecht hat er eine längliche Form und ist ebenfalls ein Raubfisch. Sein hellgrauer, silberner Körper kann eine Länge von 50 - 60 cm erreichen. Der Zander besitzt ein weißes, zartes und saftiges Fleisch. Man kauft ihn in der Zeit von Juni bis Februar am besten frisch, da die tiefgefrorene oder geräucherte Ware nicht so schmackhaft ist. Der Fluß-Barsch, auch „Egli" oder „Kretzer" genannt, ist ein kleiner Verwandter des Zander und wird meist im Ganzen bzw. filetiert angeboten.

Fisch aus dem Ofen: Seelachs „Provence"

1 küchenfertiger Seelachs im Ganzen (ca. 800 g)	2 Knoblauchzehen
	1 Zweig Thymian
Salz, Zitronensaft	8 Blätter Basilikum
400 g kleine, mehlig- kochende Kartoffeln (Erdäpfel)	3 Blätter Salbei
	5 Rosmarinnadeln
200 g Zucchini	20 g Butter für die Form
200 g gelbe Paprika- schoten	50 g schwarze, kernlose Oliven
300 g Tomaten (Paradeiser)	5 EL Fischfond (s. Grund- rezept Seite 20)
50 g Butter	5 EL trockener Weißwein

● Den Seelachs unter fließendem, kaltem Wasser gründlich säubern, dann mit Küchenpapier trocken-

tupfen. Salzen und von allen Seiten mit Zitronensaft einreiben. Etwas durchziehen lassen.

● Inzwischen die Kartoffeln schälen sowie halbieren, dann waschen und abtropfen lassen. Zucchini und Paprika ebenfalls waschen, Zucchini in Scheiben und die Paprikaschoten in Streifen schneiden. Die Tomaten kurz säubern, trockenreiben, vierteln und den Stielansatz entfernen.

● 30 g Butter in einer weiten Pfanne erhitzen

und das vorbereitete Gemüse darin 2 - 3 Minuten anrösten.

● Die Knoblauchzehen schälen und fein hacken. Den Thymian vom Zweig streifen. Basilikum sowie Salbei unter Einsatz einer Küchenschere in feine Streifen schneiden. Diese Kräuter und den Knoblauch zusammen mit dem Rosmarin unter das Gemüse mischen.

● Eine große, möglichst ovale, hitzebeständige und backofenfeste Auflaufform mit Butter einfetten.

● Den Backofen auf 200 - 220 °C vorheizen.

● Den Seelachs zusammen mit den Kartoffeln in die Form geben. Fischfond sowie Weißwein hinzufügen und die restliche Butter auf dem Fisch verteilen.

● Das Gericht für gesamt 40 - 50 Minuten im Backofen zubereiten. Nach ca. 20 Minuten das Gemüse hinzufügen und gegen Ende der Garzeit die Oliven untermischen.

Beilage:
Stangenweißbrot

Interessant für Sie:
Der Seelachs - auch „Meerhecht" oder „Köhler" genannt - gehört zur Familie der Schellfische und ist demnach nicht mit dem Lachs verwandt. Er hat einen schlanken Körper, kann eine Länge von bis zu 1 Meter erreichen und ist auf dem Rücken dunkelblau gefärbt. Typisch ist sein schwarzes Maul. Die Heimat des Seelachses ist der kalte Atlantik, aber auch die Nordsee. Die Hauptfanggebiete liegen vor den Küsten von Grönland sowie Norwegen. Das Fischfleisch ist weiß, eher fest und besonders fettarm. Frisch kauft man ihn am besten im Juni oder von September bis Dezember.

Fisch „Müllerin Art"

4 Portionsfische à 250 - 280 g (z.B. Forelle, Saibling, Renke, Felchen, Schleie, Barsch)	1/2 Bund geh. Petersilie
	evtl. etwas Milch
	8 EL Mehl
5 EL Zitronensaft	Öl zum Braten
Salz	50 - 60 g heiße Butter

● Die küchenfertig vorbereiteten Fische kurz kalt abspülen, mit Küchenpapier trockentupfen, dann mit 4 EL Zitronensaft sowie

Salz einreiben. Durchziehen lassen. Innen mit ca. 3 EL gehackter Petersilie ausstreuen.
Falls die Haut trocken ist,

evtl. mit etwas Milch anfeuchten.

● Nun die Fische in Mehl wenden und das überschüssige Mehl vorsichtig abschütteln.

● Das Öl in einer weiten Pfanne erhitzen, die Fische zunächst von einer Seite scharf anbraten, die Hitze reduzieren, die Fische wenden und auf der anderen Seite goldbraun fertigbraten. Auf einer vorgewärmten Platte anrichten, mit dem restlichen Zitronensaft beträufeln und mit Petersilie bestreuen. Mit heißer Butter überziehen, dann sofort servieren.

Beilagen:
Salzkartoffeln (gekochte Erdäpfel), gemischter Salat

Anmerkung:
Die Butter sollte sehr heiß sein, wenn sie über die Fische gegeben wird. Diese Zubereitung ist für alle kleinen Portionsfische geeignet.

Tiroler Stockfischgröstel

1 kg Stockfisch	1 Zwiebel
500 g festkochende Kartoffeln (Erdäpfel)	Salz
	Pfeffer
80 g Butter, Wasser	1/8 l saure Sahne (Rahm)
1 Knoblauchzehe	1 EL geh. Petersilie

● Den Stockfisch einige Stunden, am besten über Nacht wässern. Die Kartoffeln in der Schale kochen, noch heiß schälen und in Scheiben schneiden.

● Den Stockfisch aus dem Wasser nehmen, abtropfen lassen, 10 - 15 Minuten in kochendes, leicht gesalzenes Wasser legen, dann abseihen, entgräten und in kleine Stücke schneiden.

● Die Butter schmelzen, geschälte und feingeschnittene Zwiebel darin glasig dünsten, die Kartoffeln dazugeben und mitrösten. Mit gepreßtem Knoblauch, Salz und Pfeffer würzen.

● Die Fischstücke beigeben und mitrösten. Vorsichtig mischen, mit saurem Rahm verfeinern und mit gehackter Petersilie bestreut servieren.

Empfehlung:
Zum Stockfischgröstel, einem traditionellen Tiroler Gericht, reicht man als Beilage gerne ein deftiges Speckkraut.

Gebackene Fischknödel

500 g vorgekochter oder gebratener Fisch, z.B. Hecht, Zander oder Seefisch	Salz
	Pfeffer
	frisch geriebener Muskat
75 g weiche Butter	1 EL geh. Petersilie
2 Eigelb	2 Eiklar (Eiweiß)
1 - 2 EL Semmelbrösel	30 g Semmelbrösel
300 g vorgekochte, mehlige Kartoffeln (Erdäpfel)	Butterschmalz zum Ausbacken

● Das Fischfleisch fein säuberlich entgräten und zweimal durch die feine Scheibe des Fleischwolfes drehen oder in der Küchenmaschine pürieren.

● Die Butter in eine Rührschüssel geben und sehr schaumig schlagen. Eidotter, Semmelbrösel, geriebene Erdäpfel sowie das Fischmus dazugeben. Kräftig würzen und die Petersilie darüberstreuen, dann die Masse gleichmäßig durchkneten. Falls der Teig noch nicht formbar ist, mit Semmelbrösel festigen.

● Die nicht allzu groß geformten Knödel durch verschlagenes Eiklar ziehen, in den Semmelbröseln panieren und anschließend, in nicht zu heißem Butterschmalz schwimmend, langsam goldgelb ausbacken. Das dauert ca. 6 - 8 Minuten.

Empfehlung:
Zu den gebackenen Fischknödeln paßt am besten Reis, ein gemischter Salat und eine kräftige Tomaten (Paradeiser)-Sauce

Gefüllte grüne Heringe

6 - 8 frische, grüne Fleckheringe ohne Kopf und Gräten (ca. 800 g)	75 ml trockener Weißwein
	40 g Mandelstifte
Füllung:	40 g ger. Parmesankäse
300 g Mangold oder Spinat	Salz
1 große Zwiebel	weißer Pfeffer, Muskat
1 Knoblauchzehe	50 g Butter
60 g Butter	50 g Semmelbrösel

● Die Heringsfilets unter fließendem, kaltem Wasser gründlich waschen. Mit Küchenpapier trockentupfen, dann salzen und pfeffern. Kühlstellen.

● Mangold oder Spinat gründlich verlesen, mehrmals waschen, gut abtropfen lassen und in kochendem Salzwasser ca. 5 Minuten blanchieren. Abgießen und ausgekühlt fein zerschneiden.

● Zwiebel und Knoblauchzehe schälen, fein hacken und in der Butter glasig dünsten. Das Gemüse und den Wein dazugeben, einmal umrühren, gut andünsten, dann von der Kochstelle nehmen. Mandelstifte und Parmesan untermischen. Mit Salz, Pfeffer und Muskat kräftig abschmecken. Die Heringe mit der Hautseite nach unten auf die Arbeitsfläche legen. Die Gemüsefüllung darauf verteilen und so aufrollen, daß der Schwanz nach oben zeigt.

● In eine mit der Hälfte der Butter ausgefettete, backofenfeste Form legen. Mit Semmelmehl bestreuen und die restliche Butter darüber verteilen.

● Bei 200 - 220 °C im vorgeheizten Backofen in ca. 25 - 30 Minuten garen.

Beilage:
Weißbrot oder Reis, Kopfsalat

Gegrillte Lachsscheiben
auf Burgundersauce

Sauce:

1/4 l trockener Rotwein

2 gehackte Schalotten

5 zerstoßene Pfefferkörner

1/2 TL Thymian

3/8 l Fleisch- oder Hühnerbrühe

2 - 3 TL Stärkemehl

Salz, 1 Prise Zucker

1 TL Zitronensaft

1 Prise Cayennepfeffer

30 g Butter

Fisch:

8 Lachsscheiben à 120 -
150 g

weißer Pfeffer

1 Knoblauchzehe nach
Belieben

2 EL Zitronensaft

etwas Keimöl, Salz

Außerdem:

1 backofenfeste, sehr
hitzebeständige Auflauf-
form aus Glas, glasierter
Keramik oder Glaskeramik

● Für die Sauce Rotwein mit Schalotten, Pfefferkörnern und Thymian auf die Hälfte einkochen. Mit Brühe auffüllen und erneut um 1/3 einkochen lassen. Durch ein feines Sieb passieren.

● Speisestärke mit etwas kaltem Wasser verrühren, mit Hilfe eines Schneebesens unter die Sauce ziehen, dann auf niedriger Stufe erhitzen. Nun die Sauce mit Salz, Zucker, Zitronensaft sowie Cayennepfeffer abschmecken. Nach und nach die Butter unterziehen.

● Die Fischscheiben kurz kalt abspülen und mit Küchenpapier trockentupfen, dann pfeffern, nach Belieben mit frisch gepreßtem Knoblauch einreiben und mit wenig Zitronensaft beträufeln.

● Die Auflaufform mit Öl leicht einfetten und den Backofen-Grill einschalten. Die Fischscheiben in die Form geben und im oberen Drittel des Backofens, nahe unter dem heißen Grill, von jeder Seite ca. 8 - 12 Minuten grillen (die Grillzeit ist abhängig von der Leistungsstärke des Gerätes).

● Einen Teil der heißen Sauce auf vorgewärmten Serviertellern verteilen, die Fischscheiben aufsetzen, salzen, die restliche Sauce separat dazu reichen und das Gericht sofort servieren.

Beilagen:
Butter-Kartoffeln (Erdäpfel) oder Kartoffel-Püree, Blattspinat oder feine Erbsen

Anmerkung:
Der Grill-Fisch ist gar, sobald man die Mittelgräte mit Hilfe einer Gabel leicht herauslösen kann. Erst nach der Zubereitung salzen, sonst wird er nicht so knusprig.

Interessant für Sie:
Der Lachs wird zwar den Süßwasserfischen zugeordnet, ist aber eigentlich ein Wanderer zwischen Süß- und Salzwasserregionen. In Flüssen kommt er zu Welt, verbringt dort seine Jugend und wandert dann - nun als „Salm" bezeichnet - zum Meer (Atlantik, Pazifik). Nach etwa 3 Jahren kehrt er als laichfähiger Fisch in seinen Heimatfluß zurück. Die Hauptfanggebiete

Europas liegen in Irland, Schottland oder Norwegen. Das Lachsfleisch ist zartrosa, eher fest und mit Fett durchzogen. So eignet es sich gut zum Braten oder Grillen, wird aber auch geräuchert oder als „graved" (gebeizt) Lachs angeboten. Frisch kauft man ihn am besten von Januar bis April oder von Oktober bis Dezember.

Fisch-Aufläufe

Überbackener Mittelmeerfisch

600 g tiefgefrorener Schellfisch bzw. Rotbarsch oder frischer Fisch	2 Knoblauchzehen
	50 g Butter
Salz	3 Tomaten
2 EL Zitronensaft	12 gefüllte, grüne Oliven
2 EL Mehl	2 EL geh. Petersilie
250 g frische Champignons	4 EL trockener Sherry
1 Stange Lauch (Porree)	frisch gemahlener Pfeffer
2 Möhren (Karotten)	etwas Cayennepfeffer
1/2 Stück Sellerie	4 EL Crème fraîche
1 Zwiebel	3 EL ger. Emmentaler

● Tiefgefrorenen Schellfisch gemäß Packungsangabe auftauen bzw. frisches Fischfilet kurz kalt abspülen. Den Fisch mit Küchenpapier trockentupfen, dann in größere Würfel schneiden, salzen und mit Zitronensaft beträufeln. Mit Mehl bestäuben und beiseite stellen.

● Die Champignons sowie das Gemüse sorgfältig putzen. Die Pilze feinblättrig und das Gemüse in Streifen schneiden.
● Zwiebeln sowie Knoblauch schälen, fein hacken und in der Butter glasig dünsten. Pilze mit Gemüse dazugeben, ca. 5 Minuten mitdünsten.

● Eine Hälfte der Gemüse-mischung in eine back-ofenfeste Auflaufform aus Glas mit passendem Deckel (vorher gefettet) füllen, mit Fischwürfeln, dem restlichen Gemüse, gehäuteten, gewürfelten Tomaten und in Scheiben geschnittenen Oliven bedecken. Petersilie, Sherry und Pfeffer dazu-geben.

● Bei 200 - 220 °C zuge-deckt ca. 30 - 40 Minuten im Backofen garen. Nach 20 Minuten den Deckel abnehmen, die Crème fraîche über dem Auflauf verteilen und mit Käse bestreuen.

● Nach Belieben zuletzt einige Minuten übergrillen.

Beilage:
Blätterteigstangen oder Fladenbrot

Goldbarsch mit Gartengemüse

600 g frischen Goldbarsch	1 Gewürzgurke
1 EL Zitronensaft	1 TL Kapern
Salz, weißer Pfeffer	2 EL Butter
je 6 EL trockener Weißwein und kaltes Wasser	etwas Paprikapulver
1 größerer Apfel	1 Msp. Cayennepfeffer
1 Zwiebel, 3 - 4 Tomaten (Paradeiser)	1 Prise Zucker
	2 EL ger. Käse
50 g gekochter Schinken	frisch geh. Petersilie

● Das Goldbarschfilet unter kaltem Wasser abspülen und mit Küchen-papier trockentupfen. Auf einen Teller geben, mit Zitronensaft beträufeln und würzen. Etwas durchzie-hen lassen, dann in eine halbhohe Pfanne legen, Wein mit Wasser gemischt darüberträufeln und zugedeckt in ca. 10 - 12 Minuten dünsten.

● Inzwischen Apfel und Zwiebel schälen und grob würfeln. Die Tomaten kreuzweise einschneiden, heiß überbrühen, häuten und ebenfalls würfeln.

Schinken, Gewürzgurke und Kapern sehr klein schneiden.

● Alle Zutaten in heißer Butter andünsten, mit Salz Pfeffer, Paprikapulver, Cayennepfeffer und Zucker würzen.

● Den Fisch in eine gefettete Auflaufform geben, die Gemüsezutaten gleichmäßig darüber verteilen, mit Käse bestreuen und unter dem heißen Grill oder im auf 250 °C vorgeheizten Backofen so lange stehen lassen, bis der Käse geschmolzen ist. Mit frisch gehackter Petersilie bestreut servieren.

Beilage:
Reis oder Salzkartoffeln (gekochte Erdäpfel)

Interessant für Sie:
Rotbarsch und Goldbarsch sind wichtige Speisefische. Ihr Lebensraum ist der Nordatlantik. 40 - 50 cm beträgt ihre durchschnittliche Länge. Der Rotbarsch weist eine dunkelrote Färbung auf und lebt in Tiefen von bis zu 1000 Metern. Sein weißschimmerndes Fischfleisch ist mager. Relativ fetthaltig hingegen ist der gelbe Goldbarsch. Beide Fischarten sind meist als tiefgefrorene Filets erhältlich. Aus den preiswerten Fischen lassen sich vielfältige Gerichte zubereiten.

Seezungenfilets in Krabbensauce

8 Seezungefilets à 80 - 100 g	1/4 l süße Sahne (Obers)
Saft 1/2 Zitrone	150 g frische Krabben
Salz, weißer Pfeffer	150 g frische Champignons
20 g Butter	einige Spritzer Worchestersauce
1/8 l trockener Weißwein	
Zahnstocher	frisch gem. Pfeffer, Salz
Sauce:	1 Prise Cayennepfeffer
2 El Mehl	frischer Dill

● Die Seezungenfilets kurz unter kaltem Wasser abspülen und mit Küchenpapier trockentupfen, auf eine Platte legen und mit Zitronensaft beträufeln. Zugedeckt bis zu 10 Minuten durchziehen lassen. Aufrollen und mit Zahnstochern fixieren.

● Eine backofenfeste Form mit Butter einfetten, die Fischröllchen hineinsetzen, den Weißwein darübergießen, die Form mit einem passenden Deckel verschließen und für 10 - 12 Minuten in den auf 200 - 220 °C vorgeheizten Backofen (mittlere Einschubhöhe) geben.

● Inzwischen die Sauce vorbereiten. Hierzu die mit Mehl glattgerührte Sahne in einen Topf geben und unter beständigem Rühren langsam erhitzen. Die Krabben kurz kalt abspülen, gründlich abtropfen lassen und dazugeben.

● Die Champignons schnell putzen, bei Bedarf kurz kalt abbrausen, trockentupfen und in feine Scheiben schneiden. 5 - 7 Minuten auf niedriger Stufe in der Sauce garziehen lassen. Zuletzt die pikante Mischung mit Worchestersauce, Pfeffer, Salz sowie Cayennepfeffer raffiniert abschmecken.

● Die Form aus dem Backofen nehmen, den Fischsud vorsichtig abgießen und in die Krabbensauce einrühren. Die Sauce wieder über die Seezungenröllchen gießen und das Gericht nochmals in den heißen Backofen stellen. Nach 5 - 7 Minuten das Gericht herausnehmen und sofort servieren. Kurz vorher mit frisch gehacktem Dill bestreuen.

Beilagen:
Butterreis, Blattsalate

Interessant für Sie:
Die Seezunge ist innerhalb der Familie der Plattfische ein besonderer Edelfisch. Sie erreicht eine Größe von bis zu 50 - 60 cm bei einem Gewicht von 200 - 300 g. Ihre Heimat ist das Mittelmeer, die Biskaya und Teile der Nordsee. Der Fisch lebt in Tiefen von 30 - 40 Metern und bevorzugt sandige Böden, in die er sich gerne eingräbt. Das Fischfleisch der Seezunge ist weiß, ungewöhnlich zart und schmackhaft. Die Hauptfangzeit des relativ teuren Fisches liegt zwischen April bis Oktober.

Überbackene Lachs-Spinat-Lasagne in feiner Béchamelsauce

500 g frisches Lachsfilet	1 kräftige Prise gem. Muskat
1 Knoblauchzehe	1 EL Butter, 1 Zwiebel
4 EL Soja-Soße z.B. von Kikkoman	400 g aufgetauter oder vorgekochter Blattspinat
Béchamelsauce: 50 g Butter	Salz, Pfeffer, Muskat
70 g Mehl	400 g Bandnudeln, Wasser
1 l kalte Milch	200 g Mozzarella
etwas Wasser	1 EL Butterflöckchen, Butter für die Form
1 TL Salz, 1/4 TL weißer Pfeffer	

● Das Lachsfilet unter kaltem Wasser abspülen und mit Küchenpapier trockentupfen und in 4 Scheiben schneiden. Die Knoblauchzehe schälen, pressen und zusammen mit der Soja-Soße über das Fischfilet verteilen. Etwa 1 Stunde lang zugedeckt auf einem tiefenTeller marinieren lassen.

● Für die Béchamelsauce
die Butter in einem weiten
Topf erhitzen, das gesieb-
te Mehl dazugeben und
bei ausgeschalteter Koch-
stelle im heißen Fett glattrühren. Die Milch nach und
nach dazugeben, die
Mischung würzen, lang-
sam aufkochen und dabei
mit einem Schneebesen
glattrühren. Unter beständigem Rühren auf niedri-
ger Stufe etwa 20 - 30
Minuten ziehen lassen,
gelegentlich durchmi-
schen und ggf. etwas
Wasser dazugeben.
● In einem weiteren Topf

die geschälte, gehackte
Zwiebel in heißer Butter
glasig dünsten, den Blattspinat dazugeben und auf
niedriger Stufe ca. 10
Minuten garen.

● Die Bandnudeln in
reichlich gesalzenem
Wasser „al dente" (bißfest)
kochen, abgießen und
etwas abdampfen lassen.

● Eine größere, längliche
Auflaufform einfetten.
Abwechselnd Nudeln,
Spinat sowie Lachs ein-
schichten und über jede
Lage etwas Béchamel-
sauce verteilen.

● Obenauf den fein geschnittenen Mozzarella geben. Butterflöckchen aufsetzen und das so vorbereitete Gericht bei ca. 230 °C für 30 - 40 Minuten im Backofen garen. 10 Minuten vor Ablauf der Zeit die Bräunung überprüfen und den Backofen ggf. höher oder niedriger einstellen.

Beilagen:
Frisée- oder Eichblattsalat mit Kräutersauce und ein frischer, junger Weißwein.

Schellfisch-Gratin

800 g frisches Schellfisch-Filet	125 ml Milch
Saft 1/2 Zitrone, Salz	2 geh. EL Stärkemehl
2 Stangen Porree (Lauch)	Salz
1 Zwiebel, 1 EL Butter	1 Prise Zucker
4 feste Tomaten (Paradeiser)	1/2 TL mittelscharfer Senf
Butter für die Auflaufform	100 g geriebener Käse z.B. Emmentaler
Gratinsauce: 200 ml süße Sahne (Obers)	40 g Butter
	1 EL geh. Schnittlauch

● Die Schellfisch-Filets unter kaltem Wasser abspülen und mit Küchenpapier trockentupfen. Auf eine Platte legen, mit Zitronensaft beträufeln und salzen. Etwas durchziehen lassen.

● Den Porree putzen, in längliche Stücke schneiden, gründlich waschen und gut abtropfen lassen. Mit der geschälten, kleingeschnittenen Zwiebel in heißer Butter andünsten. Abwechselnd mit den gewaschenen, in dicke Scheiben geschnittenen Tomaten in eine größere, gefettete Auflaufform geben und die Fischscheiben aufsetzen.

● Den Backofen auf 210 - 230 °C vorheizen.

● Für die Gratinsauce Sahne, Milch, Stärkemehl, Salz, Zucker sowie Senf verrühren. Über den Fisch in die Form gießen, dann mit Käse bestreuen und zuletzt Butterflöckchen aufsetzen.

● In den Backofen geben, ca. 15 - 20 Minuten garen, dann den Grill einschalten und das Gericht ca. 5 Minuten überbacken lassen. Mit Schnittlauch bestreut servieren.

Beilagen:
Kartoffel (Erdäpfel)-püree, Kopfsalat

Interessant für Sie:
Der Schellfisch gehört zur großen Familie der Dorsche und ähnelt dem Kabeljau. Sein Lebensraum sind die nördlichen Meere. Er ist durchschnittlich 70 cm lang und ca. 2 kg schwer. Intensive Fischfänge haben den Schellfisch leider selten und somit teuer werden lassen. Sein Fleisch ist weiß, zart und sehr delikat. Frisch kauft man ihn am besten in der Zeit von Juni bis Dezember, ab auch tiefgefroren lässt er sich bestens verwenden.

Schellfisch-Gratin

Fisch-Salate

Matjes-Kartoffelsalat

600 g festkochende, möglichst kleine Kartoffeln (Erdäpfel)

Salz

8 Matjesfilets (oder Filets von Salzheringen)

weißer Pfeffer

Saft einer 1/2 Zitrone

8 - 10 Radieschen

Marinade:

2 EL Mayonnaise

2 EL Buttermilch oder Joghurt

2 EL Öl

1/2 EL Obst- oder Weinessig

Salz

Pfeffer

1 Prise Zucker

frischer Schnittlauch

● Die Kartoffeln waschen, dann in gesalzenem Wasser in ca. 25 Minuten garkochen.

● Die Matjesfilets waschen, mit Küchenpapier trockentupfen, dann in ca. 1/2 cm breite Streifen schneiden. Pfeffern und mit Zitronensaft beträufeln. Durchziehen lassen.

● Die Radieschen putzen, waschen und in dünne Scheiben schneiden. Die Kartoffeln schälen und ebenfalls dünn aufschneiden.

● Kartoffeln, Matjes und Radieschen abwechselnd auf Tellern oder Schalen anrichten.

● Für die Marinade alle Zutaten verrühren und darüber verteilen. Durchziehen lassen, dann mit frisch gehacktem Schnittlauch bestreut servieren.

Roter Heringssalat

4 Salzheringsfilets	Marinade:
250 g gekochte Rote Bete	125 g Mayonnaise
250 g Äpfel	3 EL Joghurt
1 größere Zwiebel	1 EL mittelscharfer Senf
1 größere, gekochte Kartoffel (Erdäpfel)	frisch gemahlener, weißer Pfeffer

● Die Heringsfilets kurz kalt abspülen und in Streifen schneiden. Die Rote Bete fein würfeln. Äpfel und Zwiebel schälen. Die Äpfel vierteln, vom Kerngehäuse befreien und fein raspeln. Die Zwiebel grob hacken. Alle Zutaten zusammen mit der geschälten, grob geraspelten Kartoffel in einer Salatschüssel mischen.

● Mayonnaise, Joghurt, Senf sowie Pfeffer zu einer Marinade glattrühren und unter den Salat ziehen. Mindestens 1 Stunde im Kühlschrank durchziehen lassen.

Beilage: Weißbrot mit Butter

Interessant für Sie:
Der in Nordeuropa bekannteste, wichtigste aller Seefische ist der Hering. Der ca. 40 cm lange Fische lebt in großen Schwärmen, vorwiegend im Nordatlantik, aber auch in der Nord- sowie Ostsee. Im Herbst gefangene Fische sind eher mager und besonders wohlschmeckend. Im Frühjahr hingegen hat der Hering ein fetteres, festes Fleisch (Küstenhering). Der Fisch ist reich an hochwertigem Eiweiß.

Avocado-Fischsalat

Wasser, Salz	3 EL bestes Keimöl
2 Lorbeerblätter	1/2 Bund Schnittlauch
8 - 10 schwarze Pfeffer-körner	1 Glas Sardellenfilets in Öl
2 EL Obstessig	3 reife Avocados
600 g frisches oder aufge-tautes Kabeljau (Dorsch)-Filet	1 große Zwiebel
	1/8 l trockener Weißwein
1 Frisée-Salat, etwas Feldsalat (Rapunzel)	1 TL Zucker
	1 EL mittelscharfer Senf
1 Töpfchen Brunnenkresse	1/2 EL Meerrettich (Kren)
weißer Pfeffer	1 EL Kapern
	100 g frische Krabben

● 1 Liter Wasser mit Salz, Lorbeerblättern, Pfefferkörnern und 1 EL Essig in einen weiten Topf geben, dann aufkochen. Den Fisch einlegen, die Kochstelle sofort herunterschalten und das Kabeljaufilet im heißen Sud auf niedriger Stufe ca. 15 - 20 Minuten garziehen lassen. Nach Ablauf der Zeit, die Filets vorsichtig aus dem Sud heben, auf eine Platte geben und zum Abkühlen beiseite stellen.

● Die beiden Salatsorten verlesen, kurz kalt abspülen und gut trockenschleudern. In mundgerechte Stücke zupfen und zusammen mit der Brunnenkresse in einer Schüssel mischen.

● Aus dem restlichen Essig, Pfeffer, Salz, Keimöl und feingehacktem Schnittlauch eine Marinade anrühren.

● Den Salat auf Serviertellern anrichten. Mit der Marinade beträufeln. Die Sardellenfilets kurz kalt abspülen, dann mit Küchenpapier trockentupfen. Die Avocados halbieren, entkernen und schälen. Zwei Avocados mit Sardellen und Zwiebelwürfeln pürieren. Weißwein, Zucker, Senf, Meerrettich sowie Kapern unterrühren.

● Das Kabeljaufilet in mundgerechte Stücke teilen. Zusammen mit den Avocadospalten sowie den gewaschenen, gut abgetropften Krabben auf dem Salat anrichten. Zuletzt die Avocadosauce darüber verteilen.

Beilage:
Getoastetes Weißbrot

Anmerkung:
Die für diesen Salat benötigten Avocados sollten sehr reif sein. Fühlen sie sich weich an und gibt die Schale auf leichten Druck nach, so sind sie gerade richtig. Zur Vorbereitung schneidet man die Frucht um den Kern herum ein, dreht die Hälften gegeneinander und entfernt den festen Kern vorsichtig mit einem spitzen Messer. Dann erst die Frucht dünn schälen. Sind die Avocados besonders reif, so lässt sich das Fruchtfleisch auch mit einem Löffel herauslösen. Da sich die geöffneten Früchte schnell verfärben, empfiehlt sich ein Bestreichen der Oberfläche mit etwas Zitronensaft.

Fischsalat mit Kabeljau

1 Pa. tiefgefrorener Kabeljau (400 g) oder frisches Fischfilet	2 EL saure Sahne (Rahm)
	2 TL Zitronensaft
	1 TL scharfer Senf
1 EL Butter, 2 EL Weißwein	Salz, weißer Pfeffer
4 hartgekochte Eier	Garnitur:
2 Gewürzgurken	1 hartgekochtes Ei
1 Röhrchen Kapern	Tomatenviertel (Paradeiser)
Marinade: 2 EL Mayonnaise	frische, krause Petersilie

● Tiefgefrorenen Fisch gemäß Packungsangabe auftauen oder den frischen Fisch kurz kalt abspülen. Mit Küchenpapier trockentupfen. Die Butter erhitzen, den Fisch von beiden Seiten darin kurz anbraten, mit Weißwein beträufeln und zugedeckt ca. 10 Minuten dünsten. Aus dem Geschirr nehmen und auskühlen lassen.

● Inzwischen die Eier schälen und in Scheiben schneiden. Die Gewürzgurken vierteln. Die Kapern über einem Sieb abgießen, dabei die Flüssigkeit auffangen und die Kapern grob hacken.

● Für die Marinade das Kapernwasser mit der Mayonnaise, der sauren Sahne und dem Zitronensaft in einer Schüssel verrühren. Mit Senf, Salz sowie Pfeffer kräftig abschmecken.

● Die Fischfilets in dünne Scheiben schneiden, dann mit Eiern, Gurken und Kapern in einer Schüssel vorsichtig mischen. Auf vier Teller verteilen, mit der Marinade überziehen und 30 Minuten kühl gestellt durchziehen lassen.

● Mit Eischeiben sowie Tomatenvierteln garnieren und gehackte Petersilie darüber streuen.

Beilage:
Kümmelbrot und ein kühles Bier

Zu den Rezepten:

Die Rezepte dieses Buches sind für 4 Personen berechnet. Die Temperaturangaben sind Richtwerte, die je nach Herdtyp abweichen können. Möchten Sie das jeweilige Rezept mit Heißluft zubereiten, so stellen Sie ca. 20 °C niedriger ein. Die Backzeiten bleiben in der Regel gleich. Bitte vergleichen Sie die Temperaturangaben vorab mit denjenigen in der Gebrauchsanweisung Ihres Herdes und stellen Sie ggf. etwas höher oder niedriger ein.

Zum Gebrauch des Buches:

Bitte beachten Sie folgende Abkürzungen bei den Rezepten:

EL	Eßlöffel
TL	Teelöffel
Msp	Messerspitze
g	Gramm
kg	Kilogramm
l	Liter
cl	Zentiliter
geh.	gehäuft
gem.	gemahlen
ger.	gerieben
gestr.	gestrichen
Pa.	Päckchen

Bildnachweis:

Thomy/Ketchum PR, München: Rücktitel
FIMA: 3, 23, 30/31, 53, 60
StockFood, S. & P. Eising, München: 7 (2), 55 (2), 56 (2)
Thomas Eisenack: 10
Langnese-Iglo, Hamburg: 11, 21, 31, 69, 78
Alpensahne: 15, 36, 41
becel/Ketchum PR, München: 17
Deutsches Teigwareninstitut/ Ketchum PR, München: 18/19
CMA: 27, 57
USA Sonnenblumenkerne/ Ketchum PR, München: 38
Deutscher Käse/Ketchum PR, München: 43
Silit: 1, 46
Alevita/Ketchum PR, München: Titel, 74/75
Fotostudio Teubner, Füssen: 48
Gusto, Wien: 50
Robert Bosch GmbH: 65
Kikkoman/Ketchum PR, München: 72

Autorin und Verlag danken den oben genannten Unternehmen für die umfangreiche und freundliche Bereitstellung des Bildmaterials.

Lektorat: Ursula Calis, München
Design & Produktion: Verlagsbüro Fritz Petermüller, Siegsdorf
Satz: SeiwaldMedia, Bernau
Lithos: Fotolitho Veneto, Verona

Verlagsnummer: 1730
ISBN 3-85491-153-X

©KOMPASS-Karten GmbH
Rum/Innsbruck
Fax 0043 (0)512/26 55 61-8
e-mail: kompass@kompass.at
http://www.kompass.at
2. Auflage 2003

Spezialitäten!

KOMPASS-Küchenschätze

Erhältlich im Buchhandel und am Kiosk!

KOMPASS